BREVE HISTÓRIA DA CARNE

Alessandra Affortunati Martins

BREVE HISTÓRIA DA CARNE

ILUMINURAS

Projeto gráfico
Isadora Bertholdo

Capa
Eder Cardoso / Iluminuras
sobre *Azulejaria verde em carne viva*, Adriana Varejão, 2000
foto de Eduardo Ortega

Revisão
Livia Lima
Monika Vibeskaia

Este livro segue as novas regras do Acordo Ortográfico da Língua Portuguesa.

CIP-BRASIL. CATALOGAÇÃO NA PUBLICAÇÃO
SINDICATO NACIONAL DOS EDITORES DE LIVROS, RJ
M341b

Martins, Alessandra Affortunati
Breve história da carne / Alessandra Affortunati Martins. - 1. ed. - São Paulo : Iluminuras, 2023.
216 p. ; 23 cm.

ISBN 978-65-5519-197-4

1. Nudez - Poesia. 2. Poesia brasileira. I. Título.

CDD: 869.1
23-84918 CDU: 82-1(81)

Meri Gleice Rodrigues de Souza - Bibliotecária - CRB-7/6439

2023
ILUMINURAS
desde 1987

Rua Salvador Corrêa, 119 - 04109-070, Aclimação - São Paulo/SP - Brasil
Tel./ Fax: 55 11 3031-6161
iluminuras@iluminuras.com.br
www.iluminuras.com.br

SUMÁRIO

Para minha mãe, que me
ensinou a amar na carne

[...] o erro da filosofia é se afastar da vida

GEORGE BATAILLE (1957/1987)

✦ VAZA ✦

Me larga!

Não me acosse como cão sem dono,
esganiçando,
revirando-se,
implorando migalhas de amor.

Não peça sem pudor pelo teu direito de existir.
Não esparrame insistentemente tua gosma espessa sobre meu ventre.

Tenho asco.
Consistências mucosas não me apetecem.

Absorvo o mundo de maneira aérea.
Aspiro ar,
sem medida.
Engulo vibrações pelas narinas.

Existo pelo vácuo da boca
de onde saem palavras.

Das carnes quero distância,
seu fervor me apavora.

No mundo inteligível,
restam apenas as formas.

Deixei carniças para trás.
Segui firme pelas trilhas das ideias.

✦ ME ENGANA QUE EU GOSTO ✦

Vire teu ventre do avesso.

Enfie teus olhos entre tuas pernas.
Olhe dentro da boceta.
Olhe os detalhes de tua vulva,
Foque no clitóris,
trêmulo de prazer.

Machuque superfícies.
Toque o fulcro fibroso sob epidermes.
Escreva sobre as nervuras que me compõem.

Lambuze-se.

✦ APELO ✦

Escrever exigiria rasgar minha própria pele.
Esconjuntar ossos.
Separar as letras das palavras que mastigo.
Extirpar minha camada mãe.
Dosar a palavra escrita para evitar a ausência.
Combiná-la com os dias.

Não!
Não pretendo escrever nada.

Prefiro o tempo do deserto que se alastra no amanhã,
quando nada impediria a escrita de minha obra.

Escrever agora seria traição.

A escrita exige.
Desgasta.
Solicita em demasia.
Tem vontade própria.
É cheia de caprichos.

Sou mulher com filhos.
Sou mulher com profissão.
Mulher que precisa ganhar dinheiro — e como!

✦

Minha filha quer um iPhone.

Alegrá-la provaria minha bondade,
sempre duvidosa.

É vício atestar que não sou má.

Quero testemunhar a face dela satisfeita,
ainda que dure apenas um instante.

Quando escrevo,
não ganho nada.
Quando não ganho nada,
não compro objetos que saciam minha filha.
Não vejo o brilho de seu sorriso.
Ao menos, não daquele jeito.

Escrever tem consequências.
É insensato.
Coisa de gente obstinada,
apesar dos limites.
Gente que cisma com histórias
que nem existem.
Teima que nem burro empacado.

Teima.

Nunca quis vergar esforços em direção à literatura. Desde o começo finquei os pés na ficção que reveste realidades — as que gritam pelos sintomas psíquicos. E mais do que escrever, que inevitavelmente recai em veleidades, optei por escutar e fazer meu pé-de-meia. Tornei-me psicanalista. Um jeito de juntar o útil ao agradável — se bem que nem tão agradável assim. De ser sábia, talvez?

Ilusão.

Seja como for, fora o uso das orelhas, recaí na filosofia — parece que não, mas o universal é mais fácil de traduzir que o particular. É preciso estar muito rente à verdade pura para ficcionalizar singularidades.

Debulhar revestimentos. Apesar do ar sisudo que assumo ao falar de filosofia ou escrever artigos teóricos, esse meu gosto pelas alturas talvez tenha mais a ver com o desejo infantil de saltar sobre nuvens. Não sei ao certo. Tudo o que sei é que não quero me lambuzar nas coisas, principalmente quando escrevo. Escrever é para desgrudar as melecas do corpo, não para produzi-las. Escutar sujeiras é uma coisa, escrever sobre elas, outra.

✦ LITERATURA? ✦

"O romantismo alemão [...]", declara György Lukács, "estabeleceu uma estreita relação entre o conceito de romance e o de romântico. Com toda a razão, pois a forma do romance [...] é uma expressão do desabrigo transcendental". O romance é a forma da incompletude, diagnosticou. LUKÁCS, 2000, p. 37-38

Desabrigo transcendental.

Essa expressão não engana — é coisa mesmo do romantismo alemão. Freud, que não era nenhum romântico bobinho, falou da mesma coisa. Só que para afastar o tom grandiloquente e, ao mesmo tempo, ingênuo dos românticos, deu nome mais palpável e científico para esse negócio: *desamparo filogenético*. Quis vestir-se de seriedade e inventou toda a psicanálise. FREUD, 1914-1915/1987

O que resta no desabrigo? O que existe no desamparo?

Num ou noutro, é sempre a carne-viva a proclamar insistentemente sua existência. Relutar contra a *consciência infeliz* de Hegel, escrevendo literatura, ou seja lá o que for, significa recobrir incansavelmente a carcaça. Perfumar o odor putrefato que dela emana. Significa esquecer mais uma vez suas fibras e nervuras. Entregar-se à secura dos cascos das palavras. Encobrir a carne de histórias e mais histórias. Nada que a sobrevoe, porém, pertence à sua consistência própria.

Um milímetro de distância basta para ludibriar sua textura imanente.

Daí porque a carne sempre apele ao uso de serrotes e facas. Estabelecer sua forma implica cortes, fissuras, incisões, penetrações.

Voltando a Lukács. Ele diz que o círculo a enredar metafisicamente os gregos da era homérica era mais estreito do que o nosso. Seu limite encerrava certa noção de completude e os lançava à essência transcendental. Essa esfera rompeu-se para nós. Não aspiramos ar num mundo encerrado. Sem contornos, inventamos a produtividade inesgotável do espírito. Arquétipos perderam sua função simbólico-efetiva e sua consequente obviedade. O pensamento moderno ilude-se em seu caminho infinito e jamais inteiramente concluído.

LUKÁCS, 2000, p. 30

LUKÁCS, 2000, p. 50

Na obra literária, quer Lukács, "o sujeito emudecido terá de bater-se por palavras próprias que, a partir do sentido relativo do acontecimento configurado, construam uma ponte rumo ao absoluto".

Nunca quis construir pontes para alcançar o absoluto.
Prefiro preparar o cozido dos meus filhos.
Olhar lagartas formando seus casulos.
Daí não querer escrever... o silêncio desértico é o meu lugar.

O problema todo é que a carne quer falar.
Insiste em ter algo a dizer.
Tem histórias.
Histórias sem elos com campos transcendentais.
Picotar tudo é seu eixo.

Bater-se. Repete: "O sujeito emudecido terá de *bater-se* por palavras próprias".

Cutuca-me. Sinto a pontada. Ela está ali, no meio do livro. Chama minha atenção, como a criança que puxa a saia da mãe. Ela pede para que eu veja que ela existe naquela frase. O sujeito bater-se. Debater-se. Convulsionar por palavras próprias.

A carne avisa logo:
"Não, não é nada disso! Você fez tudo errado".

No fundo, as palavras pouco importam para ela. Histórias tampouco são relevantes. Não é nada disso que ela, a carne, exige de mim. Nada. "Esquece. Largue tudo que possa te desviar de minha densidade e de meu colorido", ela conclama.

"Sinta o meu cheiro,
escute a minha voz"
— ela tem voz!

CARNES ROMPERAM ✦ O ELO HARMÔNICO DAS ✦ EPOPEIAS HEROICAS

I – *Na Teodiceia, de Hesíodo*

Das entranhas de Gaia, Cronos, o irrefreável, sai munido de sua foice afiada e decepa em um só golpe o pênis de seu pai, Urano. Lançado ao mar, o pau mutilado goza livre. Das espumas que dele jorram, nasce Afrodite, deusa da fertilidade. Urano mutilado lança sua maldição sobre Cronos que, em sua paranoia ensandecida, devora a carne de cada um de seus filhos.

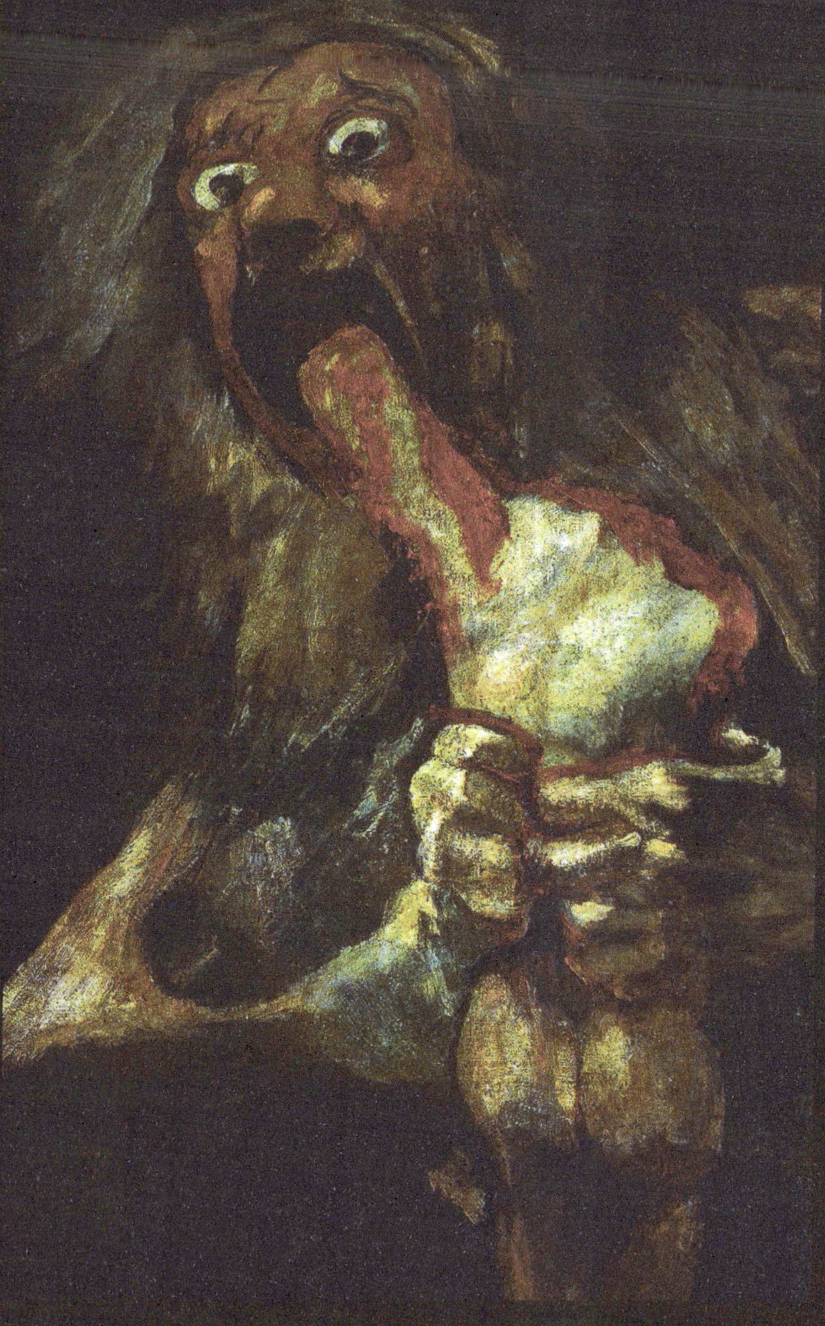

Francisco de Goya, Saturno devorando um filho, *1819-1823 (detalhe)*

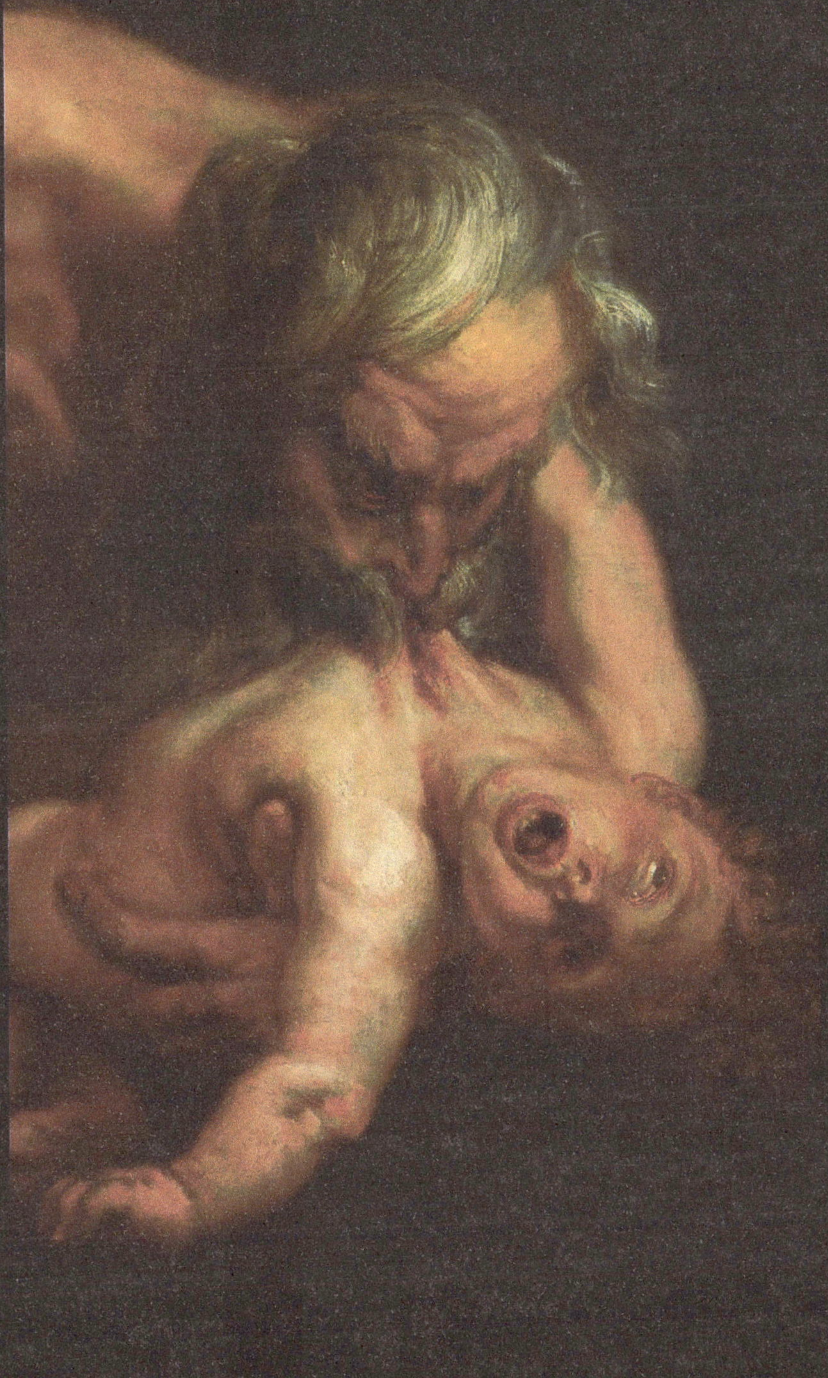

Peter Paul Rubens, Saturno devorando o filho, *1636 (detalhe)*

O Ciclope Polifemo, "Ei-lo, sevo e em silêncio". Sevo e em silêncio. S E V O. Adj. 1) que aplica sevícias; cruel, desumano, malvado. 2. que gosta de ver sangue; sanguinário. / O Ciclope agarra dois [corpos humanos]. Machuca-os. O cérebro no chão. Miolos espargidos. Rasga os membros e devora-lhes cada parte: "Fibra, entranha, osso mole ou meduloso". Farta-se: "Pleno de humanas carnes o amplo ventre".

O Ciclope estufa-se satisfeito.

HOMERO, 2000, canto IX, p. 181-182

Eis o trecho fatídico, narrado por Ulisses:

CARNES HUMANAS EM POSTAS

Chega à tarde o pastor, e sem no pátio
Conter os machos, **encurrala** o gado.
Ou por divino influxo ou por suspeita;
A boca do antro fecha, em ordem munge

Sentando as fêmeas e submetendo as crias.
Presto acaba o serviço, e para ceia
Inda **esquarteja dous**; eu perto exclamo,
Taça a lhe oferecer de roxo vinho;
'De carne humana estás, Ciclope, farto;

[...]

Dobrando, ao sono domador se rende;
A impar na embriaguez, ressona e arrota,
Vomita o vinho e **carne humana** em **postas**.
Na cinza o lenho aqueço, animo os sócios
A não me abandonarem no perigo

HOMERO, 2000, canto IX, p. 181-183

• CORTES PURULENTOS • E TRAGÉDIAS GREGAS

Quase sempre, abrem-se feridas nos heróis trágicos. Os olhos extirpados de Édipo-Rei, o fígado destroçado de Prometeu, as vísceras de animais junto ao pescoço amputado do torso de Penteu, a chaga incurável de Filoctetes, o corpo em decomposição de Polinice.

1. Depois que a víbora esgarçou a carne de Filoctetes, alastrou-se por todos os lados o mau cheiro. A chaga gangrenada espantou os homens. Impiedosamente abandonado, contorceu-se. O mundo todo concentrava-se na dor do buraco purulento. Sua carne prenhe de sânie o isolou. Eram apenas ele e sua úlcera.

2. Também Prometeu foi isolado com sua chaga infinita. O fígado, dilacerado de dia, recompunha-se ao longo da noite. Servia como posta de carne à voracidade da águia. O animal se fartava com a iguaria. Dia após dia sendo devorado. O fígado do Titã consumido numa tortura infindável e sua úlcera exposta em estado de putrefação sem fim.

3. Foi Atreu a cozinhar os filhos de Tiestes para deles fazer um banquete a este servido — os pedaços devorados só foram reconhecidos pelo pai depois da fartura.

Destino trágico não se concentra no dilema do herói, destrinchado por helenistas. O destino adensa-se nas fendas das carnes. Esburacadas. Ao redor de furos epidérmicos, nacos de tecidos de pele, sempre invadidos pela vibração de um vermelho marsala.

✦ COSTURA ✦

Obra literária nenhuma seria capaz de costurar cancros. Nenhuma seria capaz de deles fazer cicatrizes. Daí não me render aos ininterruptos apelos da carne para que de suas nesgas fossem feitas palavras. Labutar para conceder configuração às tripas, dar-lhes um último arremate compositivo. Tudo não passaria de teimosia.

Gosto mesmo é de tomar gim-tônica nas horas livres. Jogar conversa fora com amigos. Mastigar amendoim enquanto falo de velhas conquistas e decepções amorosas. É sobre isso que se fala enquanto se bebe gim-tônica e se mastiga amendoim.

A carne nunca está na pauta.

Nem quando se come uma picanha suculenta, fala-se da carne. Pode-se, é claro, falar em carne. Bife de tira ou fraldinha. Até em coração de galinha se fala. Pode ser que nessa hora, alguém se arrepie e se aproxime da carne de um palpitante coração. Mas é certo que rápido se afasta de seu sinal pulsante para voltar às palavras em incansáveis rodopios de conversas.

De fato, parece bem mais sábio largar todos os pedaços pelo caminho. Deixar à vista todos os lanhos, sem remendos ou revestimentos mucosos.

Ela persevera em sua crueza. Quer que eu lute pela sua dignidade. Quer existir visceralmente.

De todo modo, não vou escrever sua história. Nem mesmo literatura da mais barata. Não adianta insistir. Já disse mil vezes. "Quaisquer palavras douram a substância da carne", é o que argumento. Dar lugar a ela pela palavra implicará traí-la logo de saída.

História da carne é sempre sem carne. Tocá-la significa afastá-la pelo seu corpo-significante. Sua versão latejante é alusiva. Quando estrebucha, ninguém se atém a ela.

Como não tenho vez,
como ela clama pela sua existência,
sigo.

Atiro para o lado os pelos grossos da coberta.
Sento-me à mesa.
Agarro o laptop.
Lanço os dedos sobre o teclado.

✦ RUMORES ✦

Uma carne também pulsa.
  Não é corpo morto,
  acomodado.

  Grita.

  Urra do seu jeito estridente.
  Difícil saber exatamente o que diz.

  Como sempre fui atenta à parte etérea
  — à vã filosofia —,
  agarrei ventos.

  Quem fala sempre, porém,
  é a carne.

  Ruge sem cansar.

  Brada,
  berra,
  brama,
  rebusna.

  Mesmo quando se desvia,
  a escrita ouve seus rugidos e murmúrios.

1) Não lhe dar atenção. 2) Disfarçar. 3) Não escrever nada.

✦ ARTIMANHAS ✦

Sigo. Não tenho escolha. Num dia, reivindica poucos movimentos. Quer ficar quieta, parada. Nesse dia, forja vertigem. O pensamento não se fixa. Rodopia. O andar é trôpego, o eixo se esvai. A carne se deleita. O corpo lânguido é sua conquista. Contorce-se vagarosamente na cama. Depois no sofá. Joga-se sobre almofadas largas. Excita-se devagar.

Ela sabe seus poderes.

Noutro dia, porém, exige balanço, vibração, às vezes até saltos. E inventa pretexto etéreo qualquer. Seguimos os rumos de suas vontades, iludidos pela razão.

A carne é assim.

Ouvi-la com mais assiduidade evitaria uma série de chateações. Ela teima muito em horas isoladas. Requisita. É excessiva, até. Explico com cuidado que a hora não é apropriada. Poderia até escrever, falar um tantinho sobre ela, mas não desse jeito vergonhoso, colocando tripas em evidência. Tenho outras estratégias — convenções e métodos acadêmicos, demorei muito para adquiri-los. Agora sei escrever artigos, sei mesmo. Demorou, mas agora eu sei. Neles, já falei sobre a carne. Fica melhor. Ela até ganha respeito. Agora assim, sem mais nem menos? Quem vai querê-la como desvairada, sem contorno, sem método. Essa insistência não pega bem, eu falo pra ela.

✦ CAPRICHOS DA CARNE ✦

Ela não se convence. Daí porque estou escrevendo, sem escrever nada que preste. Daí porque abandonei os farelos de pão da manhã esparramados sobre a mesa. Ideal mesmo seria só pensar em possíveis obras que um dia eu talvez pudesse escrever:

- Uma obra teórica sobre a categoria estética do estrangeiro
- Outra sobre o Moisés de Freud
- E uma terceira sobre o Gênio romântico.

Essas eram as intenções até a carne invadir.

Desagradável. Estorvante. Quer sair pela minha faringe, vomitar sua gosma em um vermelho vivo. Quer sair pelo estômago contorcido, mostrar o reverso de minha pele. O avesso da mulher que beija delicadamente os filhos antes de dormir. Que finge modos agradáveis. Que mostra os dentes num sorriso semidoce. Que pisca os olhos com os cílios banhados em rímel.

✦

Não tinha plano de dela tomar conhecimento. Sua ululante obsessão exige que eu me dobre e desdobre. Enquanto isso as lições do meu filho esperam. Pondero que a coisa toda parece desvario. Loucura daquelas de gente que escuta vozes. Não sei de onde. De todo modo, é impossível vencê-la.

Às vezes também paro; poderia sair, ir lavar a louça suja, mas fico esperando a confirmação de sua presença. Quero ver se ela se exibe mais, se sairá outra coisa de sua fala enfadonha, proclamadora de sua ostentosa existência; nessas horas em que hesito, imploro por uma história.

Mas a quem?

Canso desse constante sussurrar nauseante.
É imposição pueril, monótona.

Não admite ser interrompida.
Nem que me meta.
Anuncia que a história dela é dela.

Ponto.

Adverte que a história nem é sobre ela.
São seus rastros de sangue
deixados no papel.

Ela emporcalha tudo!

Reclama os mesmos direitos que meus filhos tiveram quando nasceram.
Exige sangue e suor.
Não aceita parcimônia.
Meu corpo deve entregar-se a ela.

Carne.
Sussurros da carne.
Pirraças da carne.

A panela de pressão apita e a mesa do almoço está por ser feita. E no fundo é amor o que ela quer.

Tento. Peço calma. Ela não aguenta meus recuos, hesitações. Aprendo a amá-la. Aos poucos, devagar. Tudo meio desengonçado.

Escrever esse troço é meu amor. Ambivalente, é verdade. Dedicar-lhe meu tempo. Minha libido. Mesmo sem querer escrever coisa alguma. Mesmo querendo ser apenas uma boa mãe. Destino.

Reluto vez ou outra: "Por que insistir, desgraça? Você não tem nada pra dizer", argumento, questiono. Penso na *Fenomenologia do espírito* —faltam poucas páginas. Os seminários de Lacan ainda por estudar...

Não é a primeira vez. Ela vem sorrateira. Se instala. E é sempre ruim a coisa toda. O resultado é sempre precário, mal-ajambrado. Vou logo avisando, aliás. Ela é maldita, a carne. Imposição irredutível de sua textura abjeta. Danação despudorada que escapa pela ponta dos meus dedos.

✦ COMEÇO DA HISTÓRIA ✦

Carne é coisa de açougue.

Altino Machado, 2011

MONDONGOS BUCHOS FÍGADOS

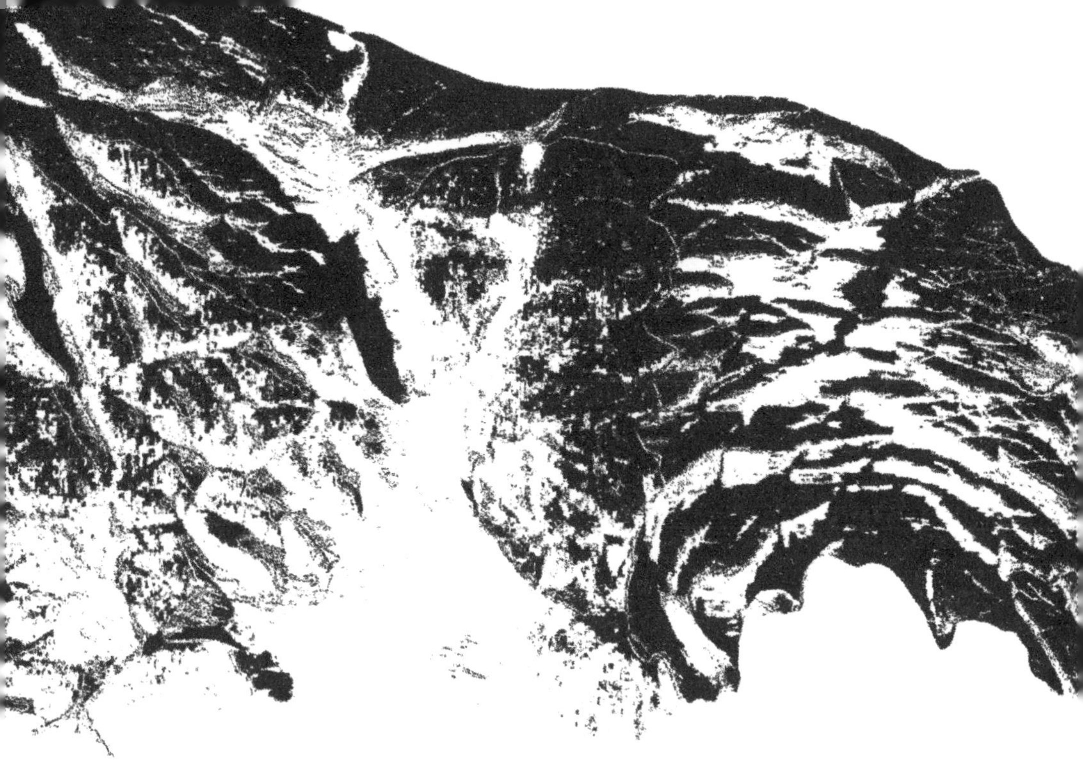

BANDULHOS INTESTINOS

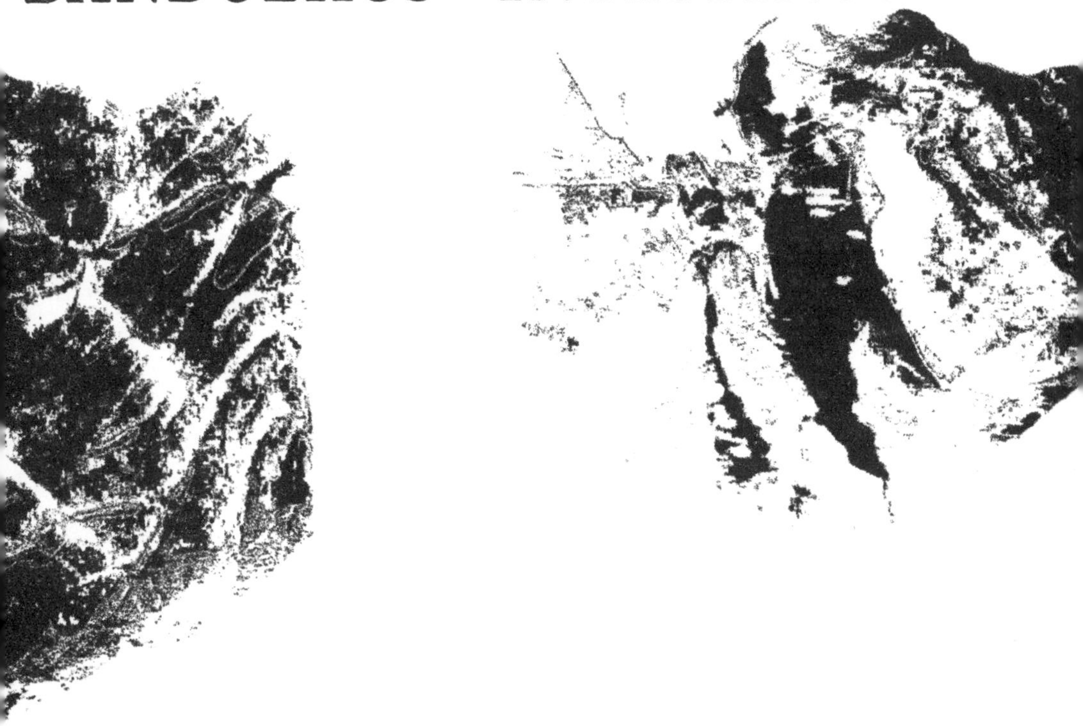

✦ VÉU ✦

Da carne, dá vergonha de falar. Da carne que estica na barriga que carrega o filho, até fazer explodir o umbigo. Da carne-placenta que cai lambuzada da vagina escancarada na hora do parto. Da carne picotada pela cesárea. Da carne que despenca impiedosa dos lábios vaginais. Da carne da vulva que pulsa cheia de gozo após o sexo. Da carne pelancuda de um pênis desentumecido. Da carne engruvinhada pela forma do cu. Da carne contraída pelo ânus na hora da defecação. Da carne que transpira e solta seu odor. Da carne que acumula a sujeira, as fezes, o suor. Da carne que pende pelo corpo com o passar dos anos. Da carne atravessada em seus poros por pelos. São carnes, e as carnes a gente esconde, perfuma, enfeita, veste.

Sob disfarce, a carne ganha graça. No decote à mostra, partes dos seios junto ao colo exuberante; nas pernas depiladas sob os tecidos da saia; na singeleza da nuca abaixo de uma profusão de cabelos presos por uma fivela. A carne também seduz quando pelos moldam músculos, veias indicam força, fibra, garra, em suma: carne em versão apetitosa.

Nudez nunca é nudez. Nudez também é revestida de verniz. Corpo nu e cru, só cadáver — talvez nem ele. O corpo vivo diante do olhar sempre carrega gestos estudados, poses, trejeitos, hábitos. E tudo isso é enfeite, disfarce, capa.

Nos momentos em que verdadeiramente se expõe, a carne sangra; aparece pela densa espessura de sua saliva sanguinolenta. A intensidade do vermelho invade, penetra todas as ligeiras linhas da pele. Sem pedir licença. E ainda que grite nesse desespero rubro, a carne é abafada. Logo a contemos, sufocamos seu clamor. Band-aid, gaze, pano. Costura, emenda. Água.

Já houve gente que soltou a garganta da carne. Mostrou sua beleza pulsátil. Diante de sua evidência, porém, é comum o desvio do olhar, o cerrar brusco das pálpebras.

Pensando bem, foram muitos os que fizeram jus à carne.

• IMAGENS-FURO •

Imagens nem sempre são anteparos. Imagens-furo podem perfurar a retina até atingir os órgãos. É o que fazem ficções de Hollywood *à la* Quentin Tarantino ou a sequência de cenas dilacerantes de *A casa de Jack* (2018), de Lars von Trier, de *Salò ou os 120 dias de Sodoma* (1975), de Pier Paolo Pasolini, ou de *Império dos Sentidos* (1976), de Nagisa Oshima. Esses filmes, entre outros, tentam extrair o caráter meramente alusivo da carne; a imagem rasga a própria imagem. Atinge a carne pelos inescapáveis efeitos corpóreos que provocam no espectador. As imagens-furo tocam a carne na medida em que provocam a manifestação viva e violenta de sua existência atroz em quem as vê. O Mal adensado até sua eclosão extrema, onde perdem-se as palavras e só existe o arrepio da carne trêmula. O espetáculo da carne converte-se em imagens-furo.

Gozo, Dor, Crueldade.

RIVERA, T. *2008, p. 8*

"The House That Jack Built". Diretor: Lars von Trier. Produtora: Louise Vesth. Dinamarca: TrustNordisk, 2018.

"Salò ou os 120 Dias de Sodoma". Diretor: Pier Paolo Pasolini. Itália: United Artists, 1975.

"Império dos Sentidos". Diretor: Nagisa Oshima. Japão: Oshima Productions; Argos Films, 1976.

Cena do elevador do filme O iluminado *(1980) de Stanley Kubrick*

✦ FRANCIS BACON ✦

Francis Bacon desce ao rés do chão.
Converte-se em pintor-sanguinário.
Machuca a carne.
Cava-a até encontrar seu núcleo fibroso.
Colhe sangue como bálsamo.
Ao apartar-se da matéria carnosa,
transfigura-a:

Fantasmagoria.

Oscila outra vez:
Paira rente à carne,
toca-a.
Esfacela todas as peles.
Atravessa-as.
Apalpa seu revés.
Afasta-se devagar.
Carrega todas as gramas de seus componentes sensíveis.
Sobrepuja sua consistência.
Extrai das entranhas sua versão incorpórea.
Flutua alto.

Transcende a carne,
sem perdê-la.
Deixa lastros pelo caminho.
Respingos de sangue e líquido exsudato.
Matéria etérea de carne.
Delicadas figurações monstruosas,
animalescas.
Seu método cirúrgico de pintura:

COSTELAS

ANTEBRAÇOS

ÓRBITAS OCULARES

OSSOS

GENGIVAS

DENTES

Fernanda Azou, BestGore Nostalgia, *2022 (detalhe)*

✦ O BRANCO NÃO EXISTE ✦

Quase sempre, a carne aflige. Gina Pane encarou o pânico. Assim que a artista franco-italiana adentrou a Galeria Stadler em Paris, com partes de sua carne retalhadas sob os tecidos brancos de sua vestimenta, a vermelhidão do líquido sanguinolento lentamente penetrou os poros do tecido alvo, e alastrou-se pela superfície de pano. Pela sua beleza, o carmim seria capaz de tirar o fôlego.

Os espectadores perdem a coragem de fitá-lo;
a carne estarrece, sem compaixão.

✦ LIVRO DE CARNE ✦

Artur Barrio (1945-) buscou ler as palavras da carne. Fez dela, livro. De suas nervuras, letras. Seu idioma, porém, segue impenetrável. Decifrá-lo exigiria bravura diante da fragilidade.

A carne só revelaria seus segredos se a deixassem gozar de sua impermanência. Sua voz reverberaria das fibras e fissuras lentamente encobertas pelo tom esverdeado do bolor, do vermelho escurecido até o cinza que encobre a morte. Suas palavras talvez viessem da propagação de seu odor fétido, da intumescência de sua consistência rançosa. Suas falas, como as nossas, são tecidas com paciência.

Por ser carne, no entanto, a obra não teve direito ao tempo. De três em três dias, a matéria exposta era trocada por uma nova versão. Não tinha direito de cheirar em demasia. Não tinha direito de mostrar sua versão apodrecida. Sobre ela era colocada uma cúpula de vidro que lhe restituía a aura.

A carne já não era carne, estava próxima do sagrado.

Livro de Carne, *Artur Barrio,* 1978-1979

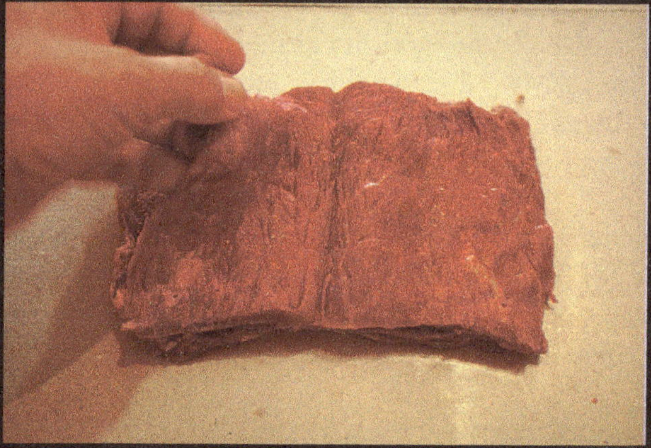

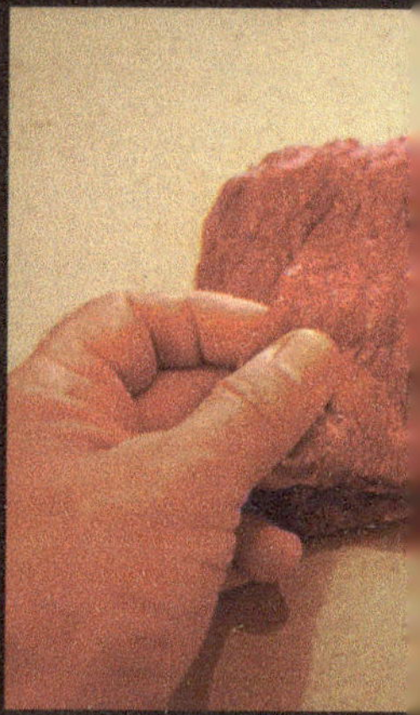

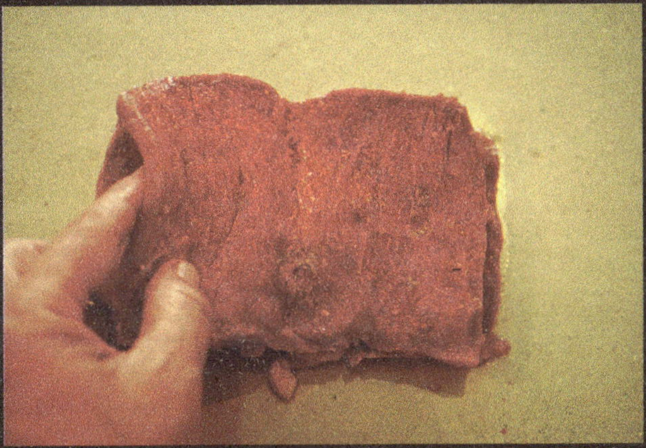

TRABALHO de:
ARTUR:BARRIO

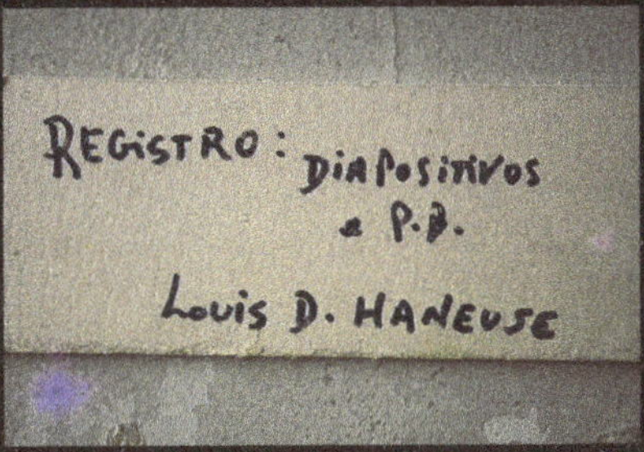
REGISTRO: DIAPOSITIVOS
e P.B.
Louis D. HANEUSE

• BURACOS E SUPERFÍCIES •

Fronteiras jamais expressam apenas limites geográficos. Elas são cortes. Talhos de terras e corpos explorados. Resultados de guerras. Sinais de dominação. Marcas da violência.

Em *Mapa de Lopo Homem II* (2004), Adriana Varejão expõe as chagas deixadas pelas explorações europeias. Fisgas que não cicatrizam.

A artista perscruta entre as bordas dos azulejos os gritos das carnes do mundo. Reabre entranhas sufocadas. Retira das superfícies o lustro civilizatório, mostrando que "nunca há um documento da cultura que não seja, ao mesmo tempo, um documento da barbárie". BENJAMIN, 2005, p. 70

Em *Pérola imperfeita: a história e as histórias na obra de Adriana Varejão*, Lilia Schwarcz (2014) nota espasmos criadores da artista. Seus movimentos modelam vísceras. A linha equinocial é uma ferida gangrenada que organiza espacialmente o globo. A artista sutura a lesão. O gesto é insuficiente para eliminar dores e sofrimentos.

Mapa de Lopo Homem II, *Adriana Varejão, 2004 (detalhe)*

CASSIA
OR
ARABIA
P ER SIA
INDIA
IOPIA
INDICVM MARE
NE

✦ AVISO ✦

Denunciar violências e injustiças não será suficiente.
Desista!
Condenar os que abriram entranhas pelo mundo será irrelevante.
Acusar malfeitores conduzirá teu olhar ao que me bordeja.
Tocar minha textura carnal exigirá tua escuta.
Os ouvidos devem estar afinados.
Os rumores vêm de minhas vibrações mais ínfimas.
Se quiser me olhar, você deverá fitar-me de frente.
Isso requer amor pela minha natureza.
Você conseguirá?
Teu amor por mim não dependerá das intenções de homens e mulheres.
Tanto faz quem esquartejou corpos.
Observe a intensidade da vermelhidão cornalina que me colore.
Sinta a temperatura amornada de meu denso caldo.
Apalpe a espessura concentrada de meus componentes diversos — eis o que desejo.
Alguns fizeram isso por mim.

Repare bem: incisões desenham rasgos similares às bocetas.
Estou onde está a boceta.
Enfie sua mão ali e recolha a seiva que a reveste.

BOCETA = FERIDA

No relato do caso clínico *O homem dos Lobos*, Freud salienta que seu paciente "[...] começou [...] a brincar com seu membro diante da Nânia, [a babá] [...]. A Nânia o decepcionou, fez uma cara séria e explicou que aquilo não era bom. As crianças que faziam aquilo ficavam com uma 'ferida' no lugar".

FREUD (1918/2010), pp. 34-35

A ferida-boceta é uma fenda com contornos disformes de um losango.

Sergei Konstantinovitch Pankejeff, o aristocrata russo tratado por Freud, oscila entre querer a ferida-boceta para gozar com a penetração do pai-lobo ou manter intacto seu membro-símbolo da masculinidade, do poder e da dominação.

A origem do mundo, *Gustave Courbet, 1866*

ORIGEM DO MUNDO

ORIGEM DA GUERRA

Origem
da guerra,
Orlan, 1989

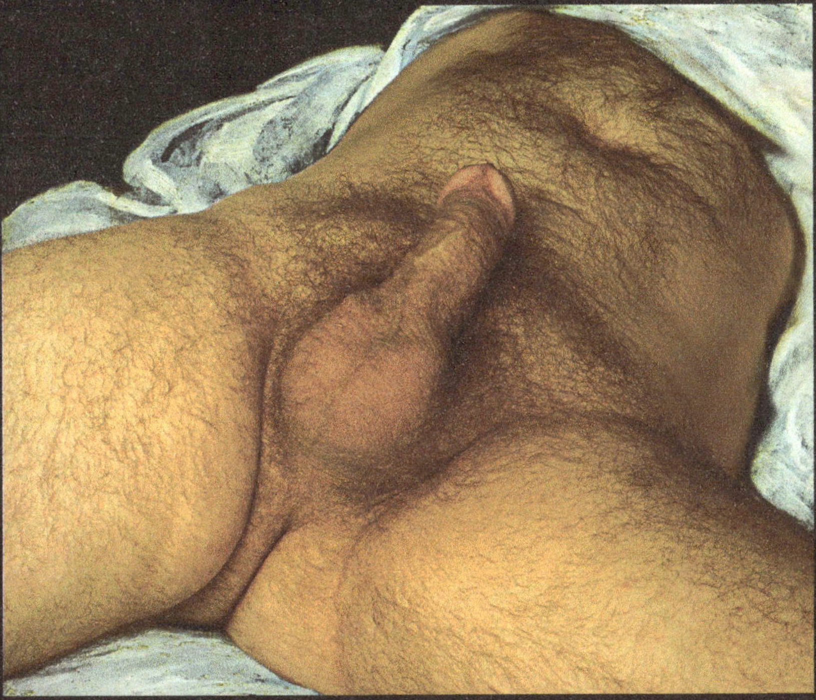

✦ CAPADURA ✦

O buraco das mulheres é o negativo da protuberância de homens. Suscita medo. Suscita terror. Suscita curiosidade. Suscita asco. Suscita desejos de penetração. Suscita pavor de perder-se no desconhecido.

Rudolf Schwarzkloger (1940-1969) cavou o buraco em Aktion Sommer (1965) com lâminas que mutilaram seu pênis. O sangue alastrou-se. Mais uma vez a carne foi enfaixada pela gaze, que a conteve.

Cenas de sua performance em Aktion Sommer estão disponíveis no endereço a seguir: www.artgallery.nsw.gov.au/collection/works/?artist_id=schwarzkogler-rudolf. Acesso em 09 ago. 2022.

O oco contornado de carnes labiais sangra a cada mês. Dele saem líquidos. Em torno dele acumulam-se pequenos substratos da matéria fértil.

Através do buraco revestido de carne saem até crianças.

✦ BATISMO ✦

O pior
é o feto
a cabecinha do herdeiro
saindo, querendo
nome
meu nome
depois um lugar no mundo
meu mundo
não, este corpo estéril
erétil
erguido em sólidas colunas
minarete contra a cúpula
fode a vulva devagar
sem somar carne nova.

✦

NUNO RAMOS (2015)

Os homens ainda se preocupam com seus nomes. Recobrem com eles o vigor dos corpos. O-Nome-do-Pai a ser impresso no "pedaço de carne" que nasce da boceta-ferida da mulher para ocupar o mundo deles.

Os cortes bocetados de Adriana Varejão estraçalham a narrativa dos dominadores — a força ardente e pulsante das bocetas alastra rasgos contra construções discursivas patriarcais, até mesmo as poéticas. A artista liberta a carne da opressão de superfícies assépticas. Ela a faz sangrar ao perfurar revestimentos neutros. Dá vazão à exuberância vigorosa de suas tripas. Às vezes, a carne ganha delicadeza num estreito corte-boceta em meio ao azul celeste azulejado.

Filho bastardo II.
Cena de interior,
Adriana Varejão,
1995
(detalhe)

Parede com incisão a la Fontana III, *Adriana Varejão, 2002 (detalhe)*

✦ SOB AS SUPERFÍCIES ✦

O que as impassíveis superfícies mais escondem é a carne da mulher negra. Bocetas de mulheres brancas já sofreram muitas invasões. Expugnar a boceta da mulher negra tornou-se parte da cultura de dominação de classe, raça e gênero.

Atividade recorrente e silenciada. Estratégia de manutenção de uma estrutura, a patriarcal.

Com amores apagados nas palavras, mas encravados na carne, Rosana Paulino resgata fios de memória. As linhas não suturam feridas. Elas são tripas, órgãos dilacerados. Há miolos desconjuntados pelos traumas. Veias latejantes que vazam pelos buracos dos olhos. Que se esparramam. Envolvem partes. Que enredam membros. Que jorram do bico dos seios e da boceta.

Nutrem e sufocam.

Série Tecelãs, *Rosana Paulino,* 2003

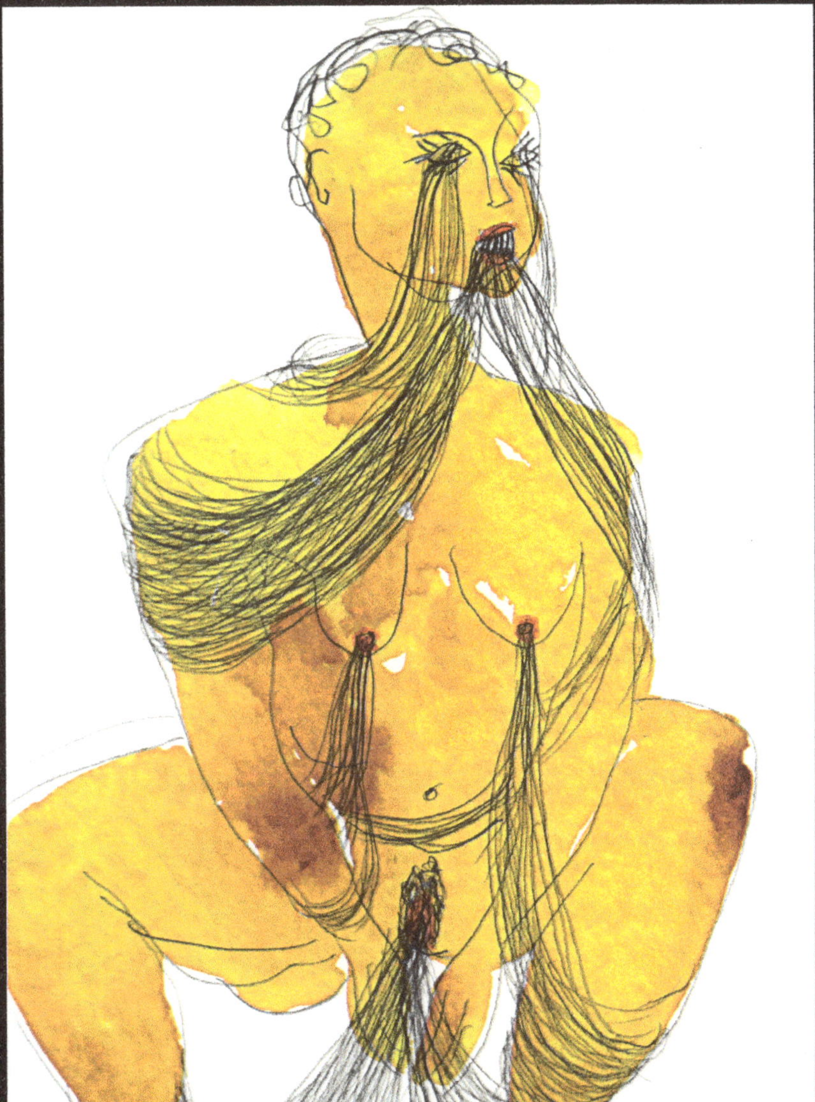

• SECÇÃO •

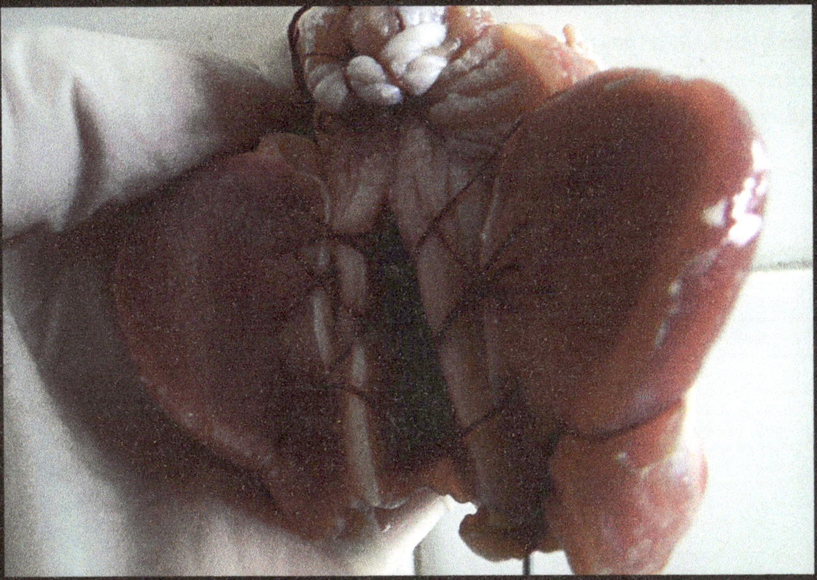

Carne, *Adriana Affortunati*, 2011

Nas obras de Adriana Affortunati, ataduras buscam cingir o irreconciliável. Fendas expostas pelas costuras em fios vermelhos. Fios-sangue. As cesuras cavam úlceras. Nada se amarra. Os olhos da ferida escancaram-se. O uso da linha vermelha indica uma memória que pulsa em carne-viva no agora. A lembrança não se assenta no então. Pústulas insistem em abrir-se sobre as cicatrizes. Escavar memórias é um risco: cavoucadas, as chagas amortecidas pelo tempo podem sangrar ou gangrenar.

✦ CHARQUES ✦

O charque na *Feira de Caruaru*:

Salga-se a carne
Seca-se seus pedaços ao sol
Disseca-se a carne
Desidrata-se a carne
Empilha-se as carnes em camadas como mantas
Preserva-se as partes para o consumo

O charque nasce no Nordeste brasileiro. Logo que foi ocupada em seu interior, no fim do século XVII, depois da Guerra dos Bárbaros, a região Nordeste expandiu a implantação das estâncias de gado. O charque servia à manutenção da carne e alimentava escravos que trabalhavam no ciclo da cana-de-açúcar.

Isso quem conta é a Wikipédia.

Ressecado pelo sol, o charque surge após a desvalorização do rebanho pelo transporte da carne. Não perder o produto implicava abater os animais e conservar as postas em sal nos locais mais próximos aos portos, como Arati no Ceará e nas Salinas de Mossoró. Gado e sal renderam lucros para capitanias produtoras.

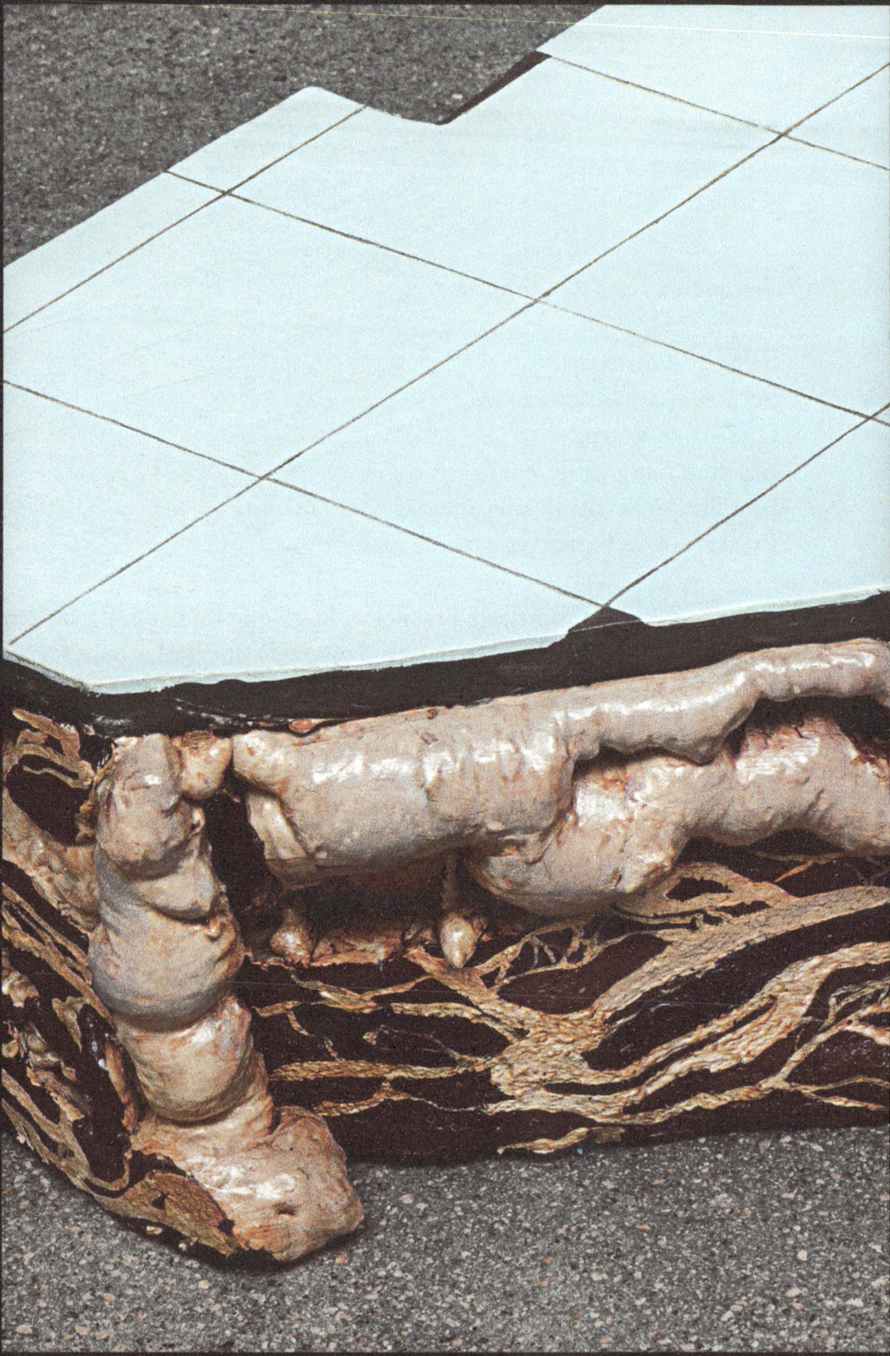

Ruína de Charque Caruaru, *Adriana Varejão*, 2000 *(detalhe)*

SECA DOS TRÊS SETES

Tomba a cabeça do boi
do torso engruvinhado.

O sol contorce o eixo
de cada globo ocular.

O ângulo da íris rodopia,
cada olho virado prum lado.

O olhar arredio escapa
de um impiedoso raio.

A boca seca queima a saliva,
adensada em gosma branca.

A baba grossa pende
como estalactite.

Membros contorcidos lutam
por um fiapo de vida.

Os ossos amalgamados
aos galhos secos da caatinga.

Esturricada, a terra suga
as últimas gotículas de suor.

O animal sucumbe,
antes de o sol se pôr.

Era 1777 quando a produção de charque no Nordeste se tornou inviável. O rebanho morria nas fazendas produtoras. A carne bovina aparecia ressecada até a morte, pela fome e pela sede. Por isso, a produção de carne migra para o Rio Grande do Sul.

Em 1780, na cidade de Pelotas, foi construída a primeira charqueada de que se tem registro. José Pinto Martins, refugiado da seca cearense, começou o negócio que foi se alastrando até que o charque passasse a ser exportado ao Nordeste e desse início ao Ciclo do charque em Pelotas.

Sul e Nordeste interligados pela carne.

No século XIX, o charque alimentava escravos da cafeicultura pelo Brasil. Peça barata e resistente fora da maquinaria de refrigeração, também era consumida pelas camadas pobres da população livre.

Ayrson Heráclito, Transmutação da carne, 2015 *(detalhe)*

DESOSSA-SE A CARNE BOVINA.

CORTA-SE A CARNE

AS FATIAS SÃO DELGADAS.

ESTENDE-SE AS CAMADAS

SOBREPOSTAS EM MANTAS.

SALGA-SE SUAS PARTES

DOIS CENTÍMETROS DE SAL.

EMPILHADAS.

FATIAS LARGAS DE CARNE,

EXPOSTAS EM GALPÕES

VENTILADOS.

A POSIÇÃO DAS MANTAS,

ALTERADA E REDISTRIBUÍDA

CONTINUAMENTE.

FACILITA-SE, ASSIM,

A DESIDRATAÇÃO.

DEPOIS DE DESIDRATADA,

LAVA-SE A CARNE.

O EXCESSO DE SAL É

QUASE TODO EXTRAÍDO.

EM GAIOLAS EXPOSTAS AO SOL,

A CARNE SECA EM CINCO DIAS.

✦

Na performance *Transmutação da carne* (2015), o ferro em brasa penetra a carne-seca. Na era colonial, insígnias dos nomes de senhores de engenho eram engastadas na carne de escravos. O ato de dominação fere até cravar a letra como cicatriz. O caractere é um relevo queloidiano ou uma chaga que registra o plano simbólico, *brutal*. Símbolo é dor. Pelo nome e pela palavra perfura-se a carne até atingir o espírito todo. Não é etérea a agonia. Nem feita de palavras. Na obra de Ayrson Heráclito a fumaça alastra-se. Penetra as narinas até que o odor nauseabundo da tortura invada os arcabouços da memória e arranque a viscosidade do tormento infindável. Era esse o ar a circundar a escravidão negra no Brasil.

✦ ARRANCA TUDO ✦

Descasque coberturas.
Tire o sal, tire tudo.
Arranque fios.
Retire as letras.
Coloque o dedo dentro da ferida que me constitui.
Alargue bem a fenda.
Enfie os dedos, um a um.
Introduza a mão.
Faça com que ela caiba no espaço aberto.
Ela ficará envolta pelas minhas substâncias.
Meta a outra mão ali.
Vá rasgando espaços.
Esmague tecidos e órgãos.
Deixe que os líquidos saiam por entre os dedos.
Mexa-os
e sinta prazer.

✦ ÓRGÃOS DILACERADOS ✦ DE AZULEJOS

Em oposição aos ângulos retos e frios da porcelana quadriculada, gritam polpas protuberantes e convulsivas. Abafar seu vigor, cimentando uma capa plana de azulejos sobre elas, atiça ainda mais sua vibrante brutalidade.

Há pouco a ser feito contra a selvageria da carne e sua insistência em se fazer visível.

Nossas pretensões modernistas tentaram calar a protuberância da carne pelas linhas geométricas. O Brasil tentou ser limpo e racional. Mas as linhas neoconcretistas não eram linhas, eram fios de navalha. A dor agonizante da carne alastrou-se em novas feridas, oriundas de antigas cicatrizes que nunca se fecharam. Em sua jactância, a carne esparrama-se exuberante. Sua viscosidade sensualiza as membranas brilhosas que revestem seus líquidos encorpados.

Azulejaria verde em carne viva, *Adriana Varejão*, 2000 (detalhe)

✦ TEATRALIDADE ✦

"Alguns escolhem tintas, eu escolho sangue", disse Hermann Nitsch.

Talvez tenha sido o artista contemporâneo a verdadeiramente colocar a carne em posição de protagonismo na teatralidade de suas ações performáticas.

O Moisés bíblico introduziu um Deus negativo na cultura ocidental: YHWH, o irrepresentável. Nenhuma concessão à carne deveria ser feita. As altas exigências sublimatórias do Deus judaico, as altas renúncias exigidas por Moisés em nome de tal Deus, fizeram com que a força da carne retornasse com o ímpeto e a veemência da morte e do sexo desmedidamente violento. O episódio do Bezerro de Ouro expõe os efeitos provocados pelo recalque da carne. Ela regressa como potência demoníaca. Sufocá-la pela razão, pela reflexão filosófica, pela Lei abstrata acaba por fortalecê-la da maneira mais destrutiva. Então, ela esparrama seu plasma sanguíneo por todos os lados.

Na ópera *Moisés e Arão*, Arnold Schoenberg explorou a tensão entre a negatividade divina de Moisés e a palavra encarnada de Arão. Quando Moisés exige a renúncia absoluta de seu povo à espera das leis divinas inscritas nas Tábuas da Lei, nem a voz lírica e sensual de Arão é suficiente para conter as pulsões que rebentam desgovernadas — morte e sexualidade.

Construída pela cenografia de Wolfgang Gussmann, pela dramaturgia de Stefan Propawka e a direção de Willy Decker, a ópera *Moisés e Arão* expõe o furor incontrolável da carne no festival Ruhrtriennale 2009.

Do ouro à idolatria da imagem, do vinho às orgias, do assassinato aos suicídios, as cenas em torno do Bezerro de Ouro são regressivas. Schoenberg não se rende aos ditames da carne, colocando-a em posição tensa e horizontal com os poderes da Lei divina e imaculada. Nessa peça operística arrebatadora, a carne não se sobrepõe ao pensamento e nem a aspiração transcendental pode se impor de maneira dominante sobre a carne.

Hermann Nitsch renuncia à tensão. Entrega-se por inteiro aos poderes dionisíacos. Deixa a carne expandir-se sem a conter. Arma cenas apenas para abrir-lhe espaços de dilatação. Deixa que seu sangue escorra por inteiro. Abre fendas para que ele jorre impetuoso. Deixa que os corpos humanos se embrenhem aos intestinos de animais recém-sacrificados.

Moisés
e Arão,
*Arnold
Schoenberg,*
2009

Paixão, *Hermann Nitsch*, *2020*

✦ DEUS ENCARNADO ✦

Daí que outra alusão nas obras de Nitsch seja Cristo.

Jesus, carne de Deus.

Seu corpo exala a voz divina. Matéria perfurada pelo crucifixo. A carne flagelada. O sangue do inocente que glorifica o Senhor. Com chicotadas. Com escoriações em cada película da pele. Com tormentos nas suas mais profundas camadas. Com o torso esburacado. Com a coroa de espinhos perfurando a fronte. Com o corpo dependurado por pregos. Com os pés abertos por chagas. Com o sangue que escorre. Com o martírio. Com o prazer pela redenção. Com a pureza, a carne torna-se espírito.

Quiseram espiritualizar a carne com o nome de Jesus, que veio para escancará-la, para deixá-la falar. Tentaram abafar uma vez mais sua voz entrecortante. Condenada pelo cristianismo aos arcabouços infernais, a carne passou a aparecer sob vestes pecaminosas. Nessa versão ligada ao mal, a carne torna-se apodrecida, miserável, despedaçada nos recônditos das trevas. É tentadora, sedutora, ilusória, trapaceira — deve-se temê-la por trair os valores de Deus, mesmo esse Deus formado de carne: Jesus.

Carne e Pureza imaculável reunidas num único Ser.
Ele, o Filho. Ele, o Pai. Ambos num só lugar.
A Carne e o Espírito Santo.
O sangue do redentor.
O sangue do pecador.

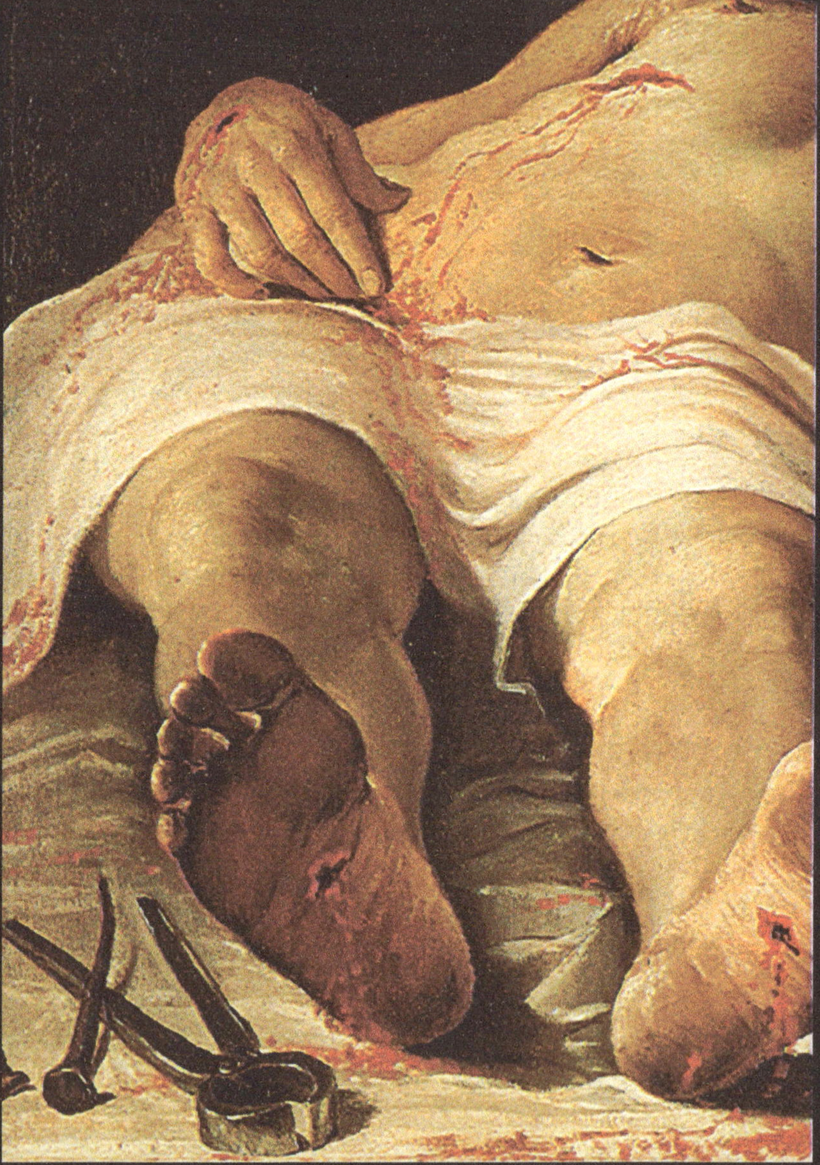

Cristo morto, *Annibale Caracci*, 1585 *(detalhe)*

✦ OS BURACOS DOS ANJOS ✦ E O ABANDONO DE DEUS

O ROUXINOL DA IGREJA CATÓLICA

O anjo impuro
Eis-me afinal em plena
suprema confidência
ante minha presença,
anjo impuro que eu amo.
Quanto estéril horror
urge se toco o corpo
que amava desde novo
pois seguro de amor.
Mas não sei me assombrar,
não sei me abandonar...
Ao Deus que não dá vida
peço pra não morrer.

✦

PIER PAOLO PASOLINI (2015)

Anjos, *Adriana Varejão*, 1995 *(detalhe)*

Anjos (1995) macula a aura angelical. Preenche de sangue sufocante o ar através do qual são transpostas as mensagens de Deus aos humanos. A carne envia suas mensagens diretamente a Deus. Dispensa os anjos. Eles estão soterrados pela carnificina do mundo. Não podem alçar voo e nem podem ser impelidos para trás pelos ventos do progresso, como o *Angelus Novus* (1920) de Paul Klee, interpretado por Walter Benjamin. Suas asas estão pesadas, atravessadas pelos destroços de corpos e sangue. Nas narinas acumulam-se dejetos de sarcos. Sobre o hálito denso de suas bocas planam moscas nervosas. De seus lábios, saem larvas. No globo ocular de cada anjo formou-se uma película linfática. A névoa recobre a retina e impede que distingam cada um de seus entes protegidos. Na pele dos anjos, restam as impressões digitais daqueles que lhes pediram socorro apalpando seus corpos com dedos cheios de sangue molhado. O vermelho amaranto vibra sem mediações para que Deus abra seus olhos e veja as dores de sua criação. Deus parece não se abalar — ele ainda pensa no ar puro que insuflou nas narinas dos homens e esquece da carne arrancada da terra que modela seus corpos.

O PROFUNDO SONO DE DEUS

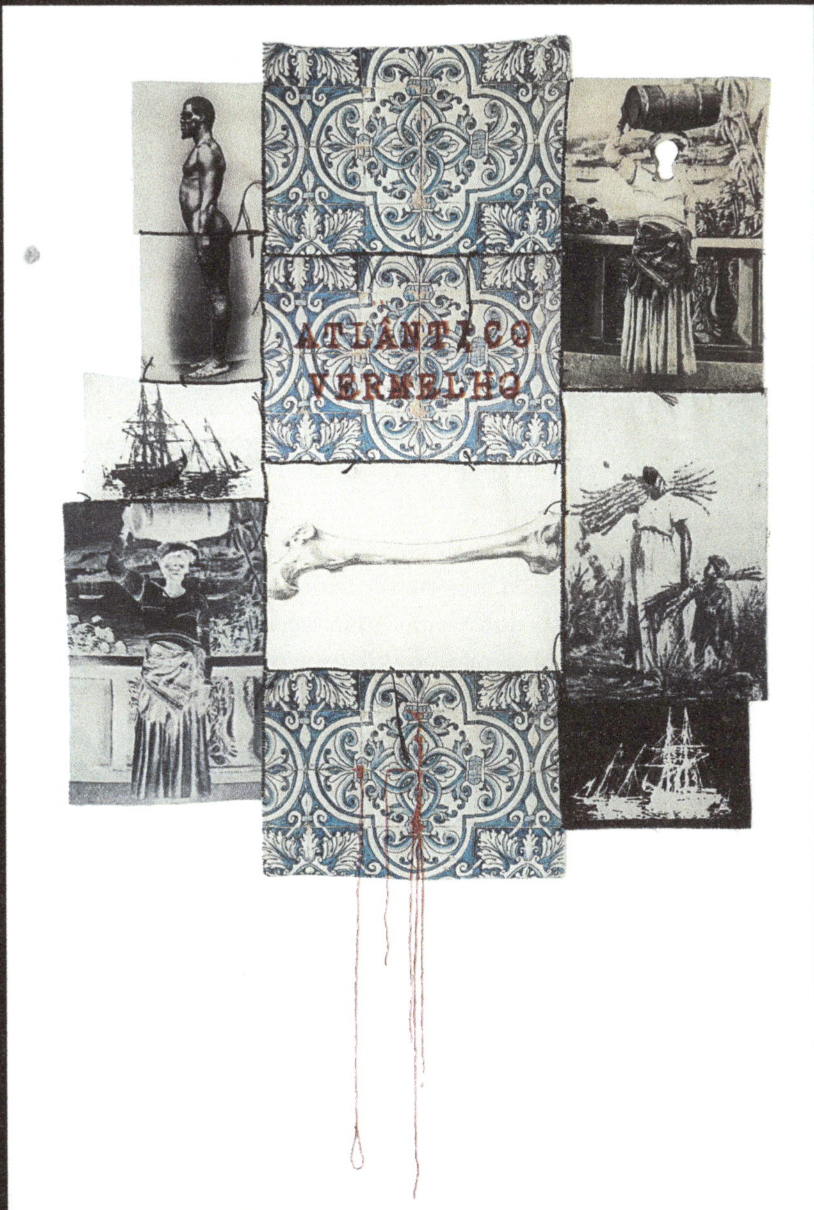

Atlântico vermelho, *Rosana Paulino*, 2017

Deus dormiu. Não se sabe se seu sono era cansaço, tristeza ou preguiça de seguir com sua criação.

Como filhos endiabrados Homens brancos estraçalharam a carne negra - diziam que matavam e açoitavam em nome de Deus e do Conhecimento. 5,5 milhões de negros trazidos para serem escravos no Brasil. Será mesmo este o número?

1 corpo,
2 corpos,
3 corpos,
4 corpos.

Sempre corpos negros.

No mar, a carne e o sangue de 660 mil corpos negros espalharam-se nas águas.

As linhas vermelhas da obra de Rosana Paulino são compostas de sangue. Escorrem delicadamente da imagem do azulejo português. Fios esplâncnicos de memória. Águas do Oceano Atlântico absorveram a substância sanguínea dos mortos. O sal marinho adensou o vermelho-sangue. Uma capa purpúrea recobriu a superfície toda do mar.

Mar Vermelho visto de cima

O Mar Vermelho aberto por Moisés é uma ferida-boceta cheia de sangue. Ele não sabia disso. Acreditou no Deus sem nome e achou que mar aberto significava libertação dos escravos. Mas atravessar mares sempre favoreceu apenas alguns. Outros, sufocaram.

✦ O SANGUE NAS MÃOS ✦ DE PORTUGAL

O sangue é o símbolo da vida nua

✦

WALTER BENJAMIN

Das bordas da superfície de azulejaria portuguesa brotam resíduos de sangue. Em *Pele tatuada à moda de azulejaria*, Adriana Varejão (1995) mescla os gélidos azul e branco dos desenhos à vermelhidão da carne nas beiradas.

Rezas de jesuítas, exuberantes adornos em ouro do Barroco, exageros preciosistas do Rococó não são capazes de abrandar a crueza dos cortes nas carnes indígenas e negras.

Jorra o suco viscoso pelos fragmentos de cultura europeia.

Sob a tinta da capa epidérmica, índios brasileiros, negros africanos e brancos europeus carregam uma mesma pigmentação, uma mesma consistência, um mesmo odor. A tonalidade do invólucro que reveste o núcleo da substância de carne determinou a história cultural moderna europeia e a do Novo Mundo. Mas a história que se desdobra dos próprios tecidos de carne transcorre por debaixo de peles e pelos. Vestimentas e adornos não diferenciam a materialidade carnosa. A incisão nas superfícies abre camadas volumosas para essa outra narrativa de tons avermelhados.

✦ PUTA DA VIDA ✦

Cansei de você.
Você nunca é fiel a mim.
Sua incapaz.
Sua traição é tua incompetência.
Você não sabe atravessar as coisas.
É superficial.
Teu amor é mesquinho.
Pequeno.
Você nunca poderá me amar.
Para isso, você precisaria do teu ódio.
Mas você insiste em ser apenas uma boa-moça.

Covarde!

Você nunca conseguirá me apalpar.
Você nunca sentirá a minha maciez.
Nem o meu calor suave.
Nunca gozará de verdade pelo buraco da tua boceta.
Essa é minha vingança.
Minha maior crueldade.
Dou risada de tua frigidez.
De tuas seduções insossas.
De teu apetite moderado.
Toda contida — tenho pena de você!

✦ AS BACANTES ✦

Pelas mãos das Bacantes, as carnes vingam-se de Penteu, rei de Tebas. Vingança do Deus Dionísio. Carnificina. Corpos dilacerados espalham-se entre abetos. Costelas e cascos estão fendidos. Retalhos de carne são lançados e permanecem suspensos nos galhos a gotejar sangue. Dos touros enfurecidos, restam apenas partes do dorso. Suas capas de couro são arrancadas pelos dedos das mulheres desvairadas. Intestinos estão à mostra.

Penteu, pura carne aos olhos da mãe, Agave, cujo ódio insaciável ninguém será capaz de aplacar. Nada impedirá seu fervor dionisíaco de imolar o filho. Puxa-o pelo braço e apoia-se com o pé imbuído de força no flanco do infeliz; a espádua desarticula seus membros e amputa-os todos. Age sem misericórdia. O confuso clamor ululante espalha-se. As Bacantes querem cada vez mais sangue. Braços e pés erguem-se como troféus. Nacos de carne jogados pelos ares feito brinquedos. Corpos mutilados jazem aqui e ali.

O bezerro de ouro e as orgias sanguinárias, o sacrifício de Jesus e as Bacantes são elementos centrais nas performances litúrgicas de Hermann Nitsch. Um campo orgiástico e mortífero que deixa pinturas como rastros. Suas obras expressionistas testemunham um encontro genuíno e não alusivo com a carne. A composição gestual de Hermann Nitsch expressa violência impulsiva. Diferentemente da delicadeza dos gestos de Jackson Pollock, Nitsch trabalha com pequenas jarras de tinta-sangue lançadas num só golpe de extrema intensidade em direção à tela branca. Com pincéis largos e encharcados, ele pinta com tinta-sangue uma forma circular na tela. Mas o círculo não é o foco de sua intenção. A tinta que escorre lentamente dessas bolas vermelhas adensadas é o que concede expressividade à sua pintura.

Há ainda as telas dispostas no chão. Elas exigem um esforço do corpo inteiro dos assistentes de Nitsch. Fazem parte de uma teatralidade coletiva. Pegadas, partes dos corpos, e marcas de dedos ficam impressas nas peças.

Essa composição ganha vibração profunda com a música. Em performances ritualísticas, o artista introduz animais sacrificados. O sangue é a tinta principal a compor a obra.

✦ DIREITO DE RESPOSTA ✦

Nunca quis te tocar, carne.
Você me invade.
Não queria nem mesmo sentir o odor de tua presença.
Você deveria me agradecer pelo que estou fazendo.
Mas carne não conhece gratidão.
Carne não conhece delicadeza.
Olha quanta destruição ao teu redor.
Você é perversa.
Obscena.

✦ CARCAÇA ✦

Há num rebanho bovino
Uma solidão do indivíduo,
Que nos olha de longe,
Preservado por longos anos
Enquanto engorda.
Seu assassinato
É a interrupção
de um processo ameno e amistoso,
onde lhe fornecemos tudo
de que precisa para que depois
devolva, em peso e bife e sangue,
o nosso investimento.

✦

NUNO RAMOS (2013)

A tradição barroca reúne obras que exibem peças de açougue. Sem fazer jus à força da carne, Pieter Aertsen a retratou e reconheceu seu lugar de importância. Annibale Carracci exibiu-a exultante em *Açougue* (1583). Adriaen van Ostade também integrou essa tradição com *O suíno abatido* (1643). *Carcaça de Carne* (1655), de Rembrandt, está na coleção de obras do Louvre. Na escola de Rembrandt, há outras pinturas com a temática do açougue. Uma delas está no Museu e Galeria de Arte de Kelvingrove, Glasgow, outras nos museus em Budapeste e na Filadélfia.

Duas pernas traseiras soerguidas por manivelas e presas em uma estrutura de madeira sustentam a carcaça de um boi em um ambiente escuro. Abatido e decapitado, o animal transmuta-se em gordura, tecido conjuntivo, articulações, ossos e costelas. No jogo contrastante de luz e sombra, a figura da carne destaca-se do fundo pintado em tons densos e sombrios.

Amarelos, brancos, vermelhos e ocres avolumam o corpo exposto. As camadas de cores também concedem profundidade às partes do animal. Costelas expostas agigantam-se. O choque entre os tons vermelhos da carne e os amarelados da gordura corporificam o animal morto.

Os olhos esbugalhados.
O medo da morte.
Abater o animal,
pela nuca.

O instante fatal.

Convulsão muda de cada órgão.
A língua para fora.
A queda.
A cabeça decapitada,
caída.

O fedor da decomposição.

✦ MESA ✦

Unta-se a carne.
Tempera-se os pedaços.
Alho, sal, pimenta-do-reino.
Cebola, salsinha, tomate.
Sob o suporte,
enraivecem chamas de fogo.
Perfume.
Matéria marrom-avermelhada.
Serve-se à mesa.
O tilintar do jogo
de talheres de prata.
Corta-se partes
com a serra da faca afiada.
Espetos dos garfos
fincam os substratos da carne.
Lançam-se pedaços
no orifício da boca.
Dentes trituram o animal,
que escorrega
pela garganta.

O boi abatido, *Rembrandt*, 1655 (*detalhe*)

✦ PROFANAÇÃO ✦

> *[...] não se percebe*
> *como um Espírito poderia pintar.*
> *É oferecendo seu corpo ao mundo*
> *que o pintor transforma o mundo em pintura.*
>
> ✦
>
> MAURICE MERLEAU-PONTY (2013)

No mesmo jogo contrastante de luz e sombra barroco, *A lição de anatomia do Dr. Tulp* (1632), de Rembrandt, mostra que a ciência (luzes) busca neutralizar a força indomável da carne — a morte é transfigurada em pesquisas do corpo humano. Longe das usuais imagens sacras da carne de Jesus Cristo, filho de Deus, o cadáver anônimo é dissecado e investigado sob olhares sedentos de curiosidade.

Devora-se pelo olhar. A visão apalpa e penetra a carne despudoradamente.

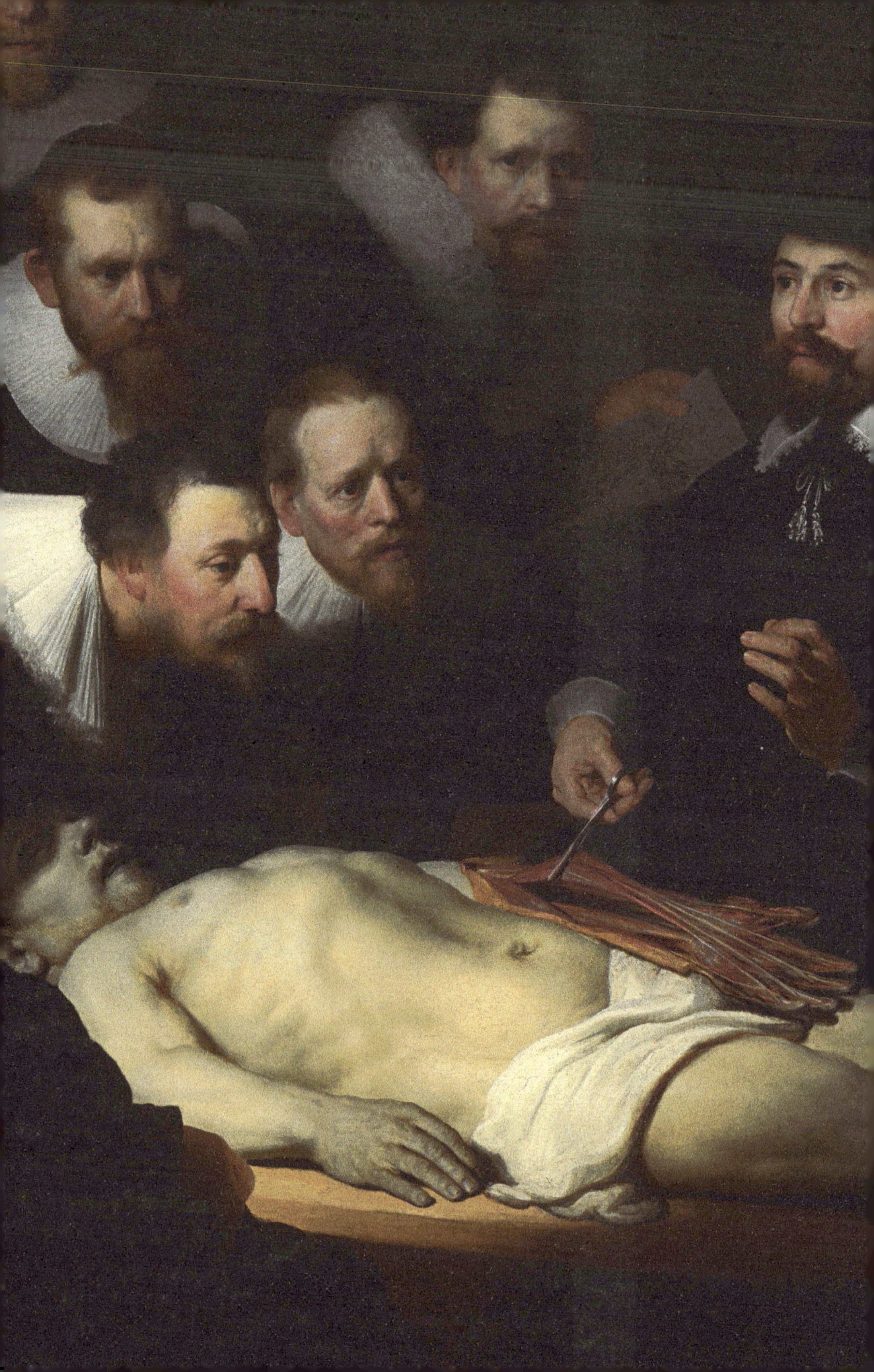

A lição de anatomia do Dr. Tulp, *Rembrandt*, 1632

✦ CHEGA! ✦

Muito bem, você estudou muito do que fizeram pela minha existência. Mas já vi que não fará nada por ela. Seria preciso afiar bem suas unhas e, com elas, rasgar a pele do peito. Deixar saltar o coração pulsante como uma bomba e segurá-lo carinhosamente com mãos firmes. Escutar cada uma de suas batidas.

BUM BUM BUM BUM

Palavras ressequidas não me servem.
Já disse que não quero teus modos acadêmicos.
Te avisei que letras não são letras.
Letras devem ser rastros de sangue.
Rasgue-me com teus dentes.
Sem temperos.
Crua.
Misture teus lábios doces à minha textura fibrosa e quente.
Lamba cada gota de sangue.
Deixe que tua saliva engrosse com a linfa semiamarga que me compõe.
Fure teu umbigo até que o buraco ensanguentado engula o mundo.
Envolva tudo que está fora na tua barriga.
O teu útero pode abrigar cada parte num todo.
Deixe que teus outros órgãos saiam por aí.
Você precisa gestar o mundo.
O mundo será lubrificado pelo teu líquido amniótico.
O universo só penetrará cada uma de tuas entranhas se você permitir que ele se expanda estranhamente dentro de você.
Cada célula deve conter um fragmento do todo.
Cada partícula do mundo fará eclodir os limites das células.

Use os caninos, não as pontas dos dedos.
Use o estômago e os intestinos, não a cabeça.
Quando um fio de êxtase subir pela tua espinha, você sentirá minha presença.
Deixe que ela se alastre.
Quando o arrepio do teu clitóris irradiar pelo corpo todo, você estará junto a mim.
Convulsione! Goze! Contorça teus músculos.
Babe na desordem de prazer e dor.
Deixe que tua garganta exale os sinais de minha existência.
Quero minha presença na tua letra.
Em cada uma delas.
Que seus contornos carreguem minhas marcas.
Persiga o frêmito.
Trabalhe rente a ele.
Trabalhe com tua boceta.
Esfregue-a onde for preciso.
Até que ela fabrique o máximo de secreção necessária.
Quero que você inclua teu sangue menstrual neste trabalho.
Use-o ainda fresco.
Use-o enquanto o rubro estiver vibrante.
Quando o ciclo alcançar o tom amarronzado, trabalhe com a concentração da ferritina.
Tudo isso servirá.
Não jogue nada fora.
E engula tudo, se preciso for.

✦ RESISTÊNCIA ✦

Não sei bem onde essa tua desmedida pode dar.
Dionísio à solta é temerário…

• A PERIGOSA •

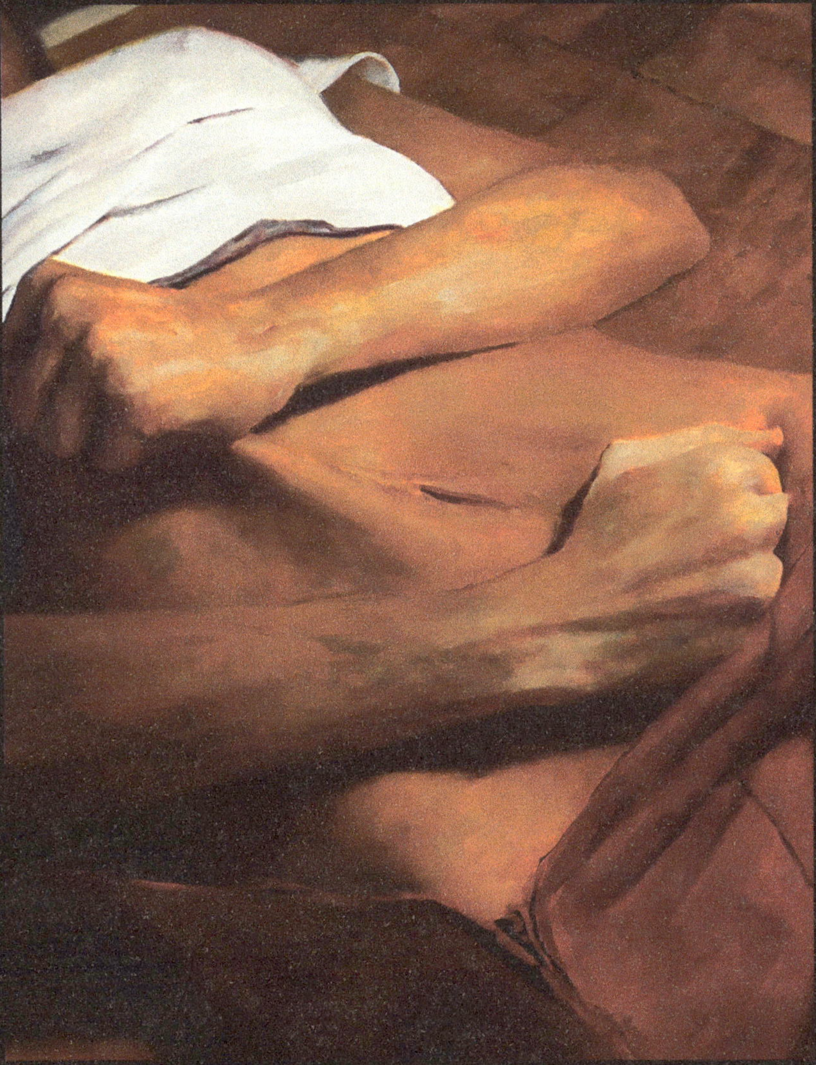

A perigosa, *Regina Parra*, 2019

Rasgar a carapaça.

Arrancar séculos de peles que revestiram mulheres: louca, libidinosa, bruxa, puta, santa, amaldiçoada, ousada, safada, cruel, bela, superficial, burra, maldita, histérica, falsa, traiçoeira.

O apetite da mulher ameaça.

Seria necessário descascar o corpo, tirar todas as peles até que julgamentos da forma feminina arrefecessem. Em carne-viva, o corpo dela estaria liberto dos nomes que a subjugam.

Mulher é carne perigosa.

• VESTIDO DE CARNE •

Vestido de Carne para um albino anorético, *Jana Sterbak*, 1987

Certa vez, a carne não foi o avesso. Jane Sterbak transfigurou-a em cobertura luxuosa de corpos. Um elegante vestido de carne pende estilizado de um manequim na Galeria Nacional do Canadá. Cinquenta libras de bifes de flanco costurados. Como tecido fino, a carne também se molda ao que seria um belo corpo de mulher.

Quando se vê a foto de uma modelo que o traja, suas dobraduras fibrosas deixam à mostra parte do colo da moça. No chão, o vestido deixa seus vestígios. Nessa peça única, os vários tons de vermelho mesclam-se ao branco do tecido adiposo e a carne mostra sua complexidade como ornamento. Abandona sua condição de reverso da cultura. Suas tonalidades e texturas, sua beleza sobressaltam na imagem.

O vestido-carne se metamorfoseia com a passagem dos dias. A delicadeza efêmera da carne dificilmente é apreciada. O odor que ela exala provoca ojeriza. O defeito, porém, não é dela. Urubus são o mais forte exemplo de que a carniça pode ser razão de deleite.

✦ CONSOLO ✦

Espere.

Um dia talvez seja apenas a tua matéria a espalhar-se por completo entre plantas e pedras. Você terá sobre si apenas urubus, carcarás e hienas que não darão conta de devorar-te toda.

Nesse dia, não haverá ninguém capaz de reduzir tua força à palavra. E, então, você gritará, num único arroubo, todo o teu escarlate.

✦ PAROXISMO DA CARNE ✦

Quando a carne é ligada à volúpia do prazer, ela convulsiona. Os orifícios se dilatam. Cada poro extasia-se. Na carne transborda prazer e desprazer. Órgãos pletóricos suplantam desejos ponderados de amantes. A carne excede o limite até eliminar por completo a força do próprio desejo. Seu excesso se opõe à lei da decência. A carne é o inimigo no interdito cristão.

Devora tudo.

Desaba a moral. Ameaça com sua liberdade desmesurada. Escraviza pela entrega ao prazer. Aprisiona na dor.

Impera.

✦ ENTRE SENSUALIDADE ✦ E MORTE, O BARROCO

Exagero

Rebuscamento ornamental
Sagrado coração sangrando

Asfixiar a carne
Exibir a carne

Evasão

Corpo excitado
Pele luminosa
Luxúria
Dor
Gozo

✦ GOYA ✦

A nudez, na nossa cultura,
é inseparável de uma assinatura teológica.
Todos conhecem a narrativa do Gênesis,
segundo a qual Adão e Eva,
após o pecado,
percebem pela primeira vez estarem nus:
"Então, abriram-se os olhos
de ambos e viram que estavam nus".
De acordo com os teólogos,
isso não ocorre por causa de uma simples ignorância
precedente que o pecado anulou.
Antes da queda,
mesmo sem estarem cobertos
por nenhuma veste humana,
não estavam nus:
estavam cobertos por uma veste de graça,
que os envolvia tal como um traje glorioso.

✦

GIORGIO AGAMBEN (2014)

A nudez de *A maja nuda* (1800) não está no corpo descoberto. São os olhos a revelarem o fulgor da carne. O olhar subverte o estatuto da mulher mítica, intocável. O olhar apela à aproximação carnal. O olhar fura o caráter intacto da beleza.

Em *Três de maio de 1808* (1814), os olhos exalam o desespero do corpo à beira da morte. A camisa branca reluzente expele adrenalina do corpo injustiçado pela bala implacável que o penetrará.

A maja nua,
Francisco de
Goya, 1800

Três de maio de 1808, *Francisco de Goya*, *1814*

• CARAVAGGIO •

As pinturas de Caravaggio expõem a carne quando a deslocam. Nem por isso, a carne é nelas alusiva. A disposição da luz e a captura de certos movimentos a apreendem concretamente.

Não é no sangue à vista, escorrendo do pescoço decapitado, que a carne se apresenta visceral. Sua presença está no caimento e no colorido da cortina, nos lábios e no olhar de Judith, no dedo mindinho dela, no branco do tecido que envolve seu colo e nas impiedosas rugas que recobrem a face da senhora.

Judith e Holofones,
Caravaggio, 1606

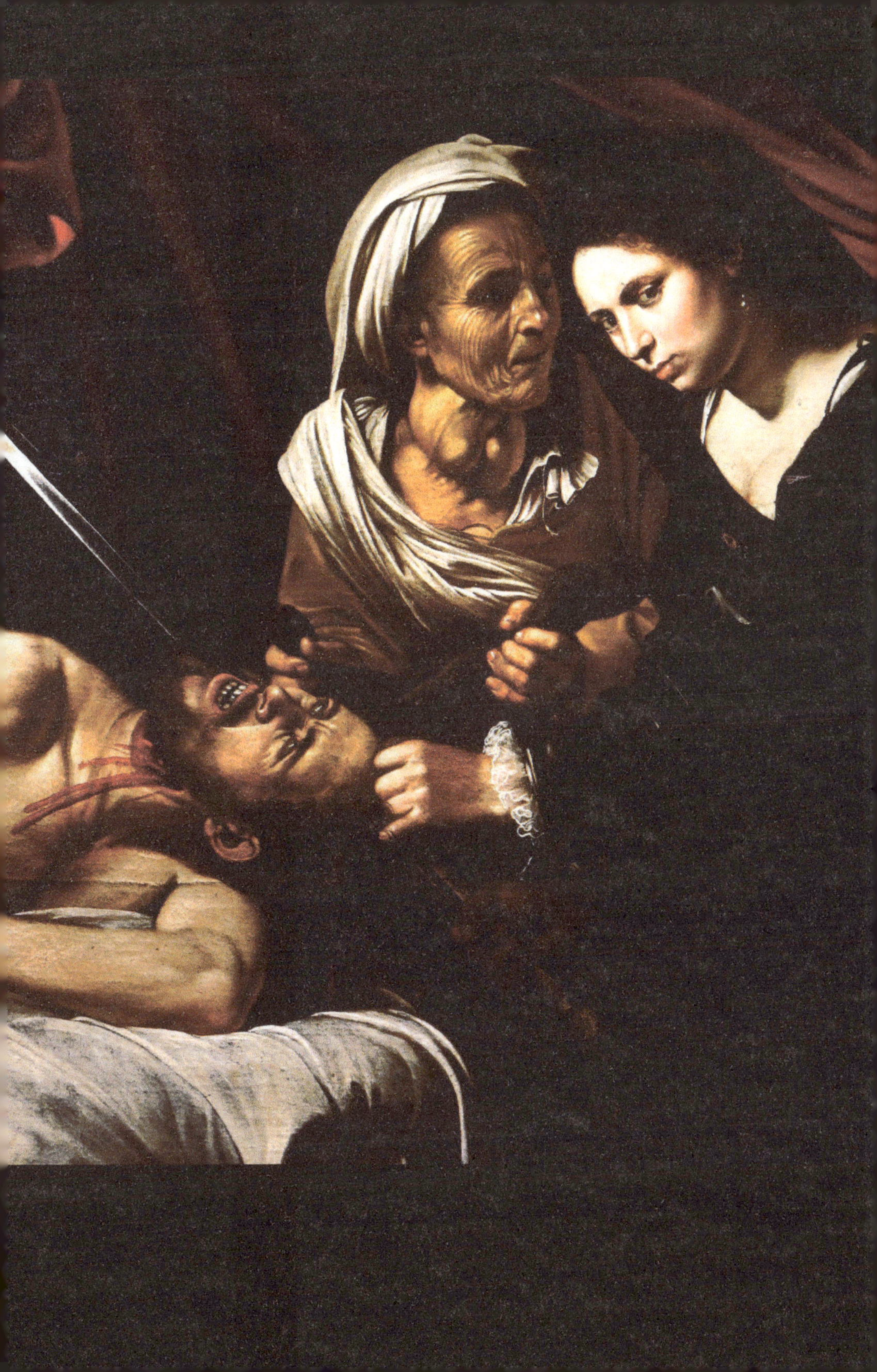

A incredulidade
de São Tomé,
Caravaggio, 1599

Na unha suja do dedão de São Tomé há carne.
No furo sutil da roupa laranja de São Tomé há carne.
No cacho de cabelo caído antes da orelha de Jesus há carne.
Na mão de Jesus que segura o pulso de São Tomé há carne.

JESUS MORTO
JESUS ERÓTICO

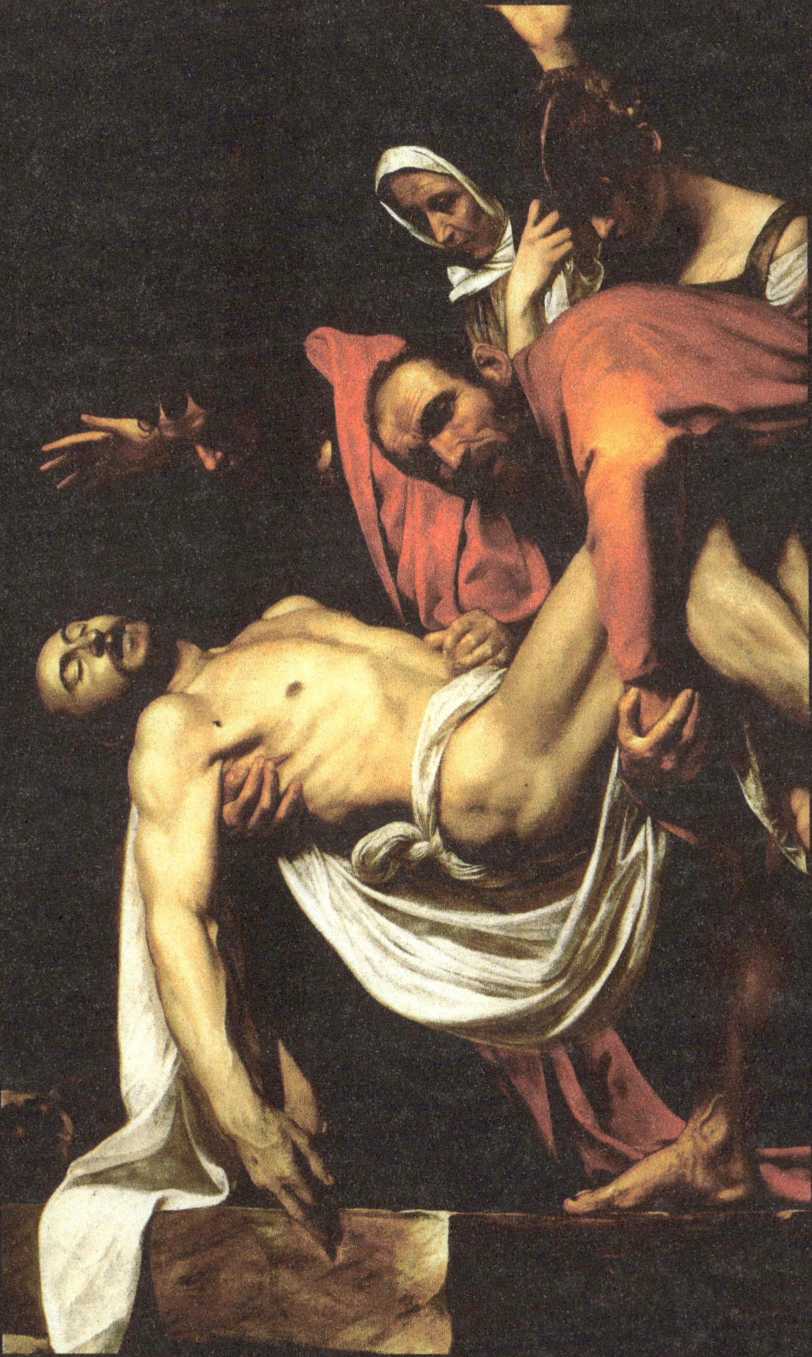

O sepultamento
de Cristo,
Caravaggio,
1603-1604

Cristo Ressuscitado, *Peter Paul Rubens, 1616 (detalhe)*

HÁ CRISTOS QUE DESPERTAM TESÃO

✦ DOMESTICAÇÃO ✦

Agora, com a ajuda de Nosso Senhor
nos ocupamos da doutrina desses índios
e em rogar ao Senhor
que abra a porta para a conversão
de muitas nações
de que temos novas
e em que parece que se fará muito fruto
por não haver entre eles
costume de comer carne humana.

✦

PADRE JOSÉ DE ANCHIETA (1555/1933)

Diz Padre Anchieta que Pero Correia estava junto a João de Souza quando o demônio veio a ter com os índios. No início, conta o padre, os índios até que mostraram benevolência. Depois pensaram serem os jesuítas espiões de outros índios, seus inimigos. Ao caminharem distanciando-se das povoações, os índios logo flecharam Souza. Este ajoelhou-se rogando a Deus pela salvação. Foi morto. Pero Correia também não obteve misericórdia. Flechadas precisas o perfuraram.

Conta o frei Vicente de Salvador que o Bispo dom Pero Fernandes Sardinha foi devorado pelos índios Caetés na foz do rio Coruripe. O Bispo dom Pero Fernandes Sardinha não era de se ajoelhar, como fizeram João de Souza e Pero Correia. À época, Duarte da Costa, filho de Álvaro da Costa, governador-geral do Brasil, intimidava violenta e sexualmente indígenas. Em um de seus sermões, bispo Sardinha condenou publicamente as ações de Álvaro da Costa. Deu-se, assim, uma perseguição do bispo por parte do governador-geral. Sem meios de enfrentar o poder de Duarte da Costa, bispo Sardinha decide voltar a Portugal para comunicar o rei

Anchieta e Nóbrega na cabana de Pindobuçu, *Benedito Calixto, 1927*

D. João III os ocorridos. Embarca na nau Nossa Senhora da Ajuda com destino à Europa e, poucas léguas depois, o navio naufraga. Havia cerca de noventa tripulantes junto ao bispo. Conseguiram chegar à costa. Mas, recebidos pelos caetés, serviram de iguaria em um banquete antropofágico.

Fartura.

O relato da morte do bispo Sardinha serviu como justificativa aos portugueses na guerra contra os caetés. 80 mil Caetés foram dizimados em cinco anos. Os portugueses ocuparam a região.

Bispo Sardinha e Pero Correia. Não há notícia de que Pero Correia tenha sido devorado. Da carne do primeiro exalava alguma valentia, da do segundo, só medo.

Aroma da coragem é apetitoso, cheiro de medo é nauseante.

Os portugueses invejaram o perfume livre e vigoroso dos povos indígenas. Não tiveram a bravura de comer o que apreciavam. Moralizaram a carne dos índios e mataram populações inteiras para eliminar o medo fedido de suas próprias peles.

Antropofagia era a incorporação do elemento apetitoso do Outro. O medo covarde extingue o Outro para esquecer a própria inveja.

O que a Igreja Católica e os jesuítas não suportaram na cultura indígena foi o lugar dado pelos índios à carne. Os índios não sentiam vergonha da carne — deixavam-na falar, sem abafá-la.

Catequisar para calar a carne. Cravar a cruz onde ela pulsa. Espiritualizá-la onde ela sangra. Rezar o sermão quando ela vibra — domá-la pelo pudor.

• ANTROPOFAGIA •

Politicamente,
a Antropofagia pode ser considerada
como a primeira reação consciente
contra os imperialismos
que ameaçam até hoje a nossa independência.
Basta dizer que ela propunha uma reforma
no calendário nacional.
Nosso ano I seria o da devoração
do Bispo Sardinha
pelos índios Caetés, na Bahia.

•

OSWALD DE ANDRADE (1974)

Numa reação contra o homem vestido, Oswald de Andrade escreve os princípios da antropofagia.

Revolução Caraíba!, grita Oswald.

Canibalismo é resistência.
Salve a carne!
Detritos entre dentes e depois pele do espírito.

— Ajoelhem, europeus, queremos picadinho.
Hoje! Ontem! Amanhã! Sempre!
— Preparem-se, europeus, a fome aumentou nas colônias.

Metafísicas? Só as canibais.

Cf. VIVEIROS DE CASTRO, E. Metafísicas Canibais, 2015.

• ENTRE GOLPES E • APERITIVOS, MONTAIGNE

O Ocidente nos mandou com o messianismo
todas as ilusões que escravizam.
Montaigne, no seu grande capítulo do Essais,
onde exalta les canibales [sic],
foi o primeiro que viu o caminho novo
— o dado pela revolta e pelo estoicismo do índio.

•

OSWALD DE ANDRADE (1954)

Michel de Montaigne maravilhou-se com os costumes indígenas. Costumes que, em sua visão, acabavam "sempre em mortandade ou em efusão de sangue". O filósofo francês constata que os povos indígenas não conhecem fuga ou pânico. Em suas mãos, a cabeça do inimigo transmuta-se em troféu. Decapitada, torna-se adorno nas portas das casas.

O filósofo conservou uma canção de um desses prisioneiros:

"Que venham todos quanto antes, e se reúnam a comer minha carne, porque comerão ao mesmo tempo a de seus pais e avós, que outrora alimentaram e nutriram meu corpo. Estes músculos, diz ele, esta carne e estas veias são as vossas, pobres loucos; não reconheceis que a substância dos membros dos vossos antepassados ainda está em mim? Saboreai-os bem, que achareis o gosto da vossa própria carne". MONTAIGNE, *1964, n.p.*

De início, indígenas tratam bem os prisioneiros. Depois o chefe reúne seus companheiros em uma grande assembleia. Uma corda amarra um dos braços do prisioneiro. Na outra ponta da corda, o chefe aloca seu mais fiel companheiro para cuidar da presa. Diante de toda a assembleia, ambos abatem o prisioneiro a golpes de espada. O ato subsequente é um grande assado do inimigo e o deleite em absorver no corpo sua força e sua coragem ancestrais.

Entre indígenas, ódio e amor condensam-se em um só golpe. Os europeus tentaram separar as coisas e colocaram de um lado o ódio, de outro o amor. Não há amor sem ódio — devora-se por amor, devora-se por ódio. Por isso, a cultura europeia fracassou — ela se ateve aos aperitivos.

MONTAIGNE, 1964, n.p.

Michel de Montaigne observa a morte preparada pelos portugueses aos canibais que se tornavam seus prisioneiros. "Há mais barbárie em comer um homem vivo que morto", reflete. "Dilacerar com tormentos e martírios um corpo ainda cheio de vitalidade, assá-lo lentamente e arrojá-lo aos cães e aos porcos, que o mordem e martirizam [...] que em o assar e comer depois de morto".

✦ INQUISIÇÃO: ✦ CARNE CASTIGADA

Carne em banho de sangue
Carne incendiada
Carne tripudiada,
molestada,
rasgada,
incinerada
até metamorfosear-se em cinzas.

1) Na **cadeira de inquisição**, cerca de dois mil pregos perfuram o tecido da carne que se deita sobre seu acento.

2) No **berço de Judas**, a carne do corpo "impuro" era lançada sobre a pirâmide até rasgar-se do períneo à região pélvica. Quando depositada lentamente sobre a mesma pirâmide, a carne dilacerava-se devagar e dolorosamente.

3) O **caixão de tortura** aprisionava a carne num espaço minúsculo cuja forma era a de gaiola. Pendurados em praça pública, os corpos dos blasfemos eram abandonados até que animais carniceiros se encarregassem de devorar a carne.

4) O **arranca seios** era castigo para a carne das mulheres. Depois de terem feito aborto ou terem cometido adultério, o instrumento de ferro quente arrancava os seios das condenadas e sua carne sangrava até a morte do corpo — o espírito abandonado para sempre.

5) A **pera** inserida nas vaginas de adúlteras e no ânus dos homossexuais se abria dentro desses orifícios e girava até arrancar a pele e dilacerar a carne condenada.

• CORPO SEM ÓRGÃOS •

Em *Mil Platôs*, Gilles Deleuze e Félix Guattari (1996) dissolvem os fantasmas da psicanálise em um Corpo sem Órgãos (CsO) — a carne maquínica do CsO contra a névoa neurótica do espírito fantasmático. Os autores descrevem os procedimentos linguísticos para se conquistar um CsO.

O corpo é disposto de costas sobre a mesa. Os braços são atados com cintas às pernas do móvel. Em seguida, os instrumentos são preparados. Logo cem chicotadas são deferidas — nas nádegas? Concede-se alguns minutos para um respiro. Depois costura-se o buraco da glande. Com isso, a parte superior da cabeça do pênis fica presa. O saco é atado à pele das coxas. Nos bicos dos seios são firmemente costurados botões de quatro furos. O corpo pensando sob o prisma da dor, é, em verdade, acesso ao CsO.

> **OPÇÃO MASOQUISTA DE UM CSO:** o ventre amarrado com as pernas juntas ou o corpo atado ao poste com pernas e punhos reunidos? Uma vez escolhida a posição, deve-se chicotear as costas, as nádegas, as coxas. As duas nádegas são suturadas juntas. Aliás, "todo o rego do eu", eles dizem. *(DELEUZE; GUATTARI, 1996, p. 10)* O fio da linha que costura as partes sempre deve ser duplo. Com o fio duplo transpassa-se as superfícies devagar, parando delicadamente em cada ponto. Reforçar a delicadeza da tortura parece ser um procedimento recomendável. Um modo de se fazer isso é enfiando com força agulhas nas nádegas. Com elas fincadas nas duas protuberâncias redondas, senta-se o corpo à cadeira. Mas as agulhas quentes também podem ser enfiadas em outras partes do corpo. Sobre as queimaduras, os autores preferem não revelar os detalhes por falta de tempo. O masoquista "se deixa costurar por seu sádico ou por sua puta, costurar os olhos, o ânus, a uretra, os seios, o nariz; deixa-se suspender para interromper o exercício dos órgãos, esfolar como se os órgãos se colassem na pele, enrabar, asfixiar para que tudo seja selado e bem fechado". *(DELEUZE; GUATTARI, 1996, p. 9)*

OPÇÃO PARANOICA DE UM CSO: órgãos são atacados e restabelecidos por influências externas. Não há mais estômago, intestinos, bexiga, pulmões. O esôfago está dilacerado. As costelas estão quebradas. A laringe sofre autoflagelo até ser parcialmente devorada. Os milagres divinos sempre regeneram as partes destroçadas.

OPÇÃO ESQUIZO DE UM CSO: a luta interior travada contra os órgãos alcança a catatonia. Em seguida, apresenta-se o corpo experimental. O organismo humano aparece por uma perspectiva em que sua ineficácia se torna gritante. Em vez de uma boca e de um ânus, o certo seria um único orifício polivalente para alimentação e defecação. Boca e nariz poderiam ser obstruídos. O estômago deveria ser entulhado. Nos pulmões haveria, então, um buraco de aeração.

SANGUE-LÍQUIDO DA CARNE INUNDA DE VOLTA O CSO

V E R M E L H O

• OPÇÕES •

Com a falta de drogas para injeção letal, execuções emperraram por uma década no estado americano da Carolina do Sul. O governador Henry McMaster colocou a fila para andar. Os condenados à morte devem agora escolher entre o pelotão de fuzilamento e a cadeira elétrica:

"Neste fim de semana, assinei uma lei que permitirá ao estado aplicar a pena de morte. As famílias e entes queridos das vítimas têm o direito de chorar e buscar justiça por meio da lei. Agora, podemos fazer isso [This weekend, I signed legislation into law that will allow the state to carry out a death sentence. The families and loved ones of victims are owed closure and justice by law. Now, we can provide it]", declarou no Twitter, em 17 de maio de 2021.

Disponível em: *https://twitter.com/henrymcmaster/status/1394298011249950724*

Cadeira elétrica torna-se a primeira opção para o prisioneiro no corredor da morte. Em segundo lugar, há o pelotão de fuzilamento. Injeção letal voltará a ser a primeira opção assim que as substâncias estiverem disponíveis.

CARNE ELETROCUTADA CARNE

ENVENENADA CARNE FURADA

✦ SEBOS E SECREÇÕES ✦

PUS MUCO VISGO ESCAMA PORRA

MUCO NASAL MUCO VAGINAL MUCO FECAL

MUCO CERVICAL MUCO NA GARGANTA

Borbulhas brancas acumulam-se em cistos sebáceos. O sebo espesso, enrijece-se. Brancuras cremosas adensam-se no interior da glândula. Brotoejas não rebentam como acontece em cravos e espinhas. Pápulas são substâncias aprisionadas na carne. Já secreções lubrificam a carne, tornando-a viscosa, esquiva.

✦ TERRA-CARNE ✦

Setenta espécies de Papilomavírus fazem da superfície-pele seu habitat, como fazemos da terra o nosso. Populações que ali se infiltram, se instauram, se acomodam. Proliferam. Larvas e vermes fazem dela matéria carcomida até sua completa decomposição. Coloniza-se a carne do corpo humano. Toda carne humana é convertida em terra-pátria. Denomina-se o corpo pulsante de Eu. Concede-se a ele um nome próprio. São limites que fazem da carne propriedade privada; o que há, todavia, são apenas órgãos vibrantes envoltos por camadas — a epiderme, a derme e a hipoderme.

VERRUGAS, LEPRAS, CANCROS, ECZEMAS, PSORÍASE

são como invasores estrangeiros de territórios privatizados: "nossa" pele, "nosso" corpo, "nosso Eu". Diante da intrusão, da guerra ou da censura, doenças dão vazão à carne.

✦ DESENHOS ✦

Os desenhos da pele são delicados na obra *Em busca do tempo perdido*, de Proust. Como os balões de festa de São João, pintados por Volpi, pequenos losangos compõem a trama do tecido epidérmico. Mas Proust não se detém aos traços particulares dessas formas geométricas. Ultrapassa a fronteira até agarrar caroços da existência de todos, esqueletos.

Diz que a curiosidade diante da figura amada poderia deter-se. Frear o desejo na superfície sutilmente desenhada da pele. Ou poderia almejar apenas desvendar o espírito que movimenta seu corpo.

Mas, o anseio erótico não conhece limites.

O objeto amado da "inquieta investigação é mais essencial que essas particularidades de caráter, iguais a esses pequenos losangos da epiderme cujas variadas combinações formam a florida originalidade da carne". PROUST, 2016, *n.p.*

Sem satisfazer-se com a lâmina mais superficial, a "radiação intuitiva" do amante atravessa essas linhas. As imagens que a intuição apaixonada alcança não são as de um aspecto particular da amada. Elas penetram e alcançam a "sombria e dolorosa universalidade de um esqueleto". Ultrapassam a carne até encontrar o que resta após esta ser devorada por completo. Alcança-se a dureza dos ossos. PROUST, 2016, *n.p.*

✦ CROSTAS ✦

Quando — sem perdão — o sol do sertão engole o brilho que umedece a epiderme, vincos desenham outras formas geométricas.

Curtida, a carne suga o árido sofrimento em linhas profundas que irradiam por toda a superfície.

Existe o azul celeste no sertão.
O sol escalda até espalhar-se pela caatinga.
Os raios bruxuleantes atravessam o solo.

Na carne ressequida, arde a vida. Os losangos proustianos já são crostas, cascas grossas como lixas.

✦ JUSTIÇA ✦

Pensando bem, a carne exige pouco de mim. Sussurra ao pé do ouvido ou invade minhas palavras comedidas, mas quase sempre é modesta.

Com alguns, sem razão nem misericórdia, a carne urra com força fervorosa.

Obriga um pobre bebê-colódio, ainda inexperiente e desarmado, a enfrentar face a face a sua avidez. Com bebês há a vantagem de que outros humanos deles se compadecem. Nesses casos, muitos adultos da espécie humana entram com força na guerra contra a verve da carne.

A insidiosidade da carne estremece qualquer confiança ingênua.

ICTIOSE LAMELAR, ICTIOSE ARLEQUIM, EPIDERMODISPLASIA VERRUCIFORME, NEUROFIBROMATOSE, PORFIRIA CUTÂNEA, POLIOSTÓTICA DISPLASIA FIBROSA, CUTÂNEA HORNS, HAEMANGIOMA, POLYMELIA, NOMA, MACRODACTILIA.

Dedé
Koswana

Eram apenas verrugas sutis quando o homem começou a se tornar árvore. Elas "cresceram muito rápido", diz Abdul. Seus membros tornaram-se galhos ocos. O périplo pelas cidades da Índia não lhe deu um diagnóstico. Abdul, o homem-árvore, é um entre os quatro de sua espécie.

Epidermodisplasia verruciforme, mais conhecida como "doença do homem-árvore", é causada por uma falha do sistema imunológico que aumenta a vulnerabilidade ao papilomavírus humano.

Na Romênia há outro homem-árvore: Dedé Koswana. Tornou-se atração em um circo itinerante, apresentando-se como homem-árvore.

Dois homens-árvore também apareceram na Indonésia.

Após um documentário transmitido pela Discovery Channel, Dedé se tornou conhecido e, em 2008, passou por uma série de cirurgias nos EUA. Ele ficou livre de 2 kg de verrugas. Recuperou parte da mobilidade das extremidades. Mas os galhos não costumam parar de crescer. Logo Dedé estava com os seus de volta.

Não há cura para a carne-galho.

✦ OMOLU OBALUAÊ ✦

Obaluaê, guerreiro sanguinário, disseminava a peste quando se opunham aos seus desejos. Quando pequeno, desobedecia.

Certo dia, enquanto brincava perto de um jardim de pequenas flores brancas, sua mãe o advertiu para que não pisasse nas flores. Obaluaê transgrediu a ordem dada pela mãe. Pisou de propósito nas flores. A mãe manteve silêncio diante do desvio.

O corpo de Obaluaê logo encheu-se de pequenas flores brancas. Elas se transfiguraram em pústulas. As bolhas carregavam sangue, líquidos, pus.

Obaluaê sentiu medo. Urrava contra a peste.

— "Castigo", disse a mãe.

Em seguida, a mulher jogou um punhado de pipocas no corpo do menino. Magicamente, as feridas se dissolveram.

Quando tinha uns doze anos, Obaluaê atirou-se no mundo. Precisava fazer a vida. Caminhou entre cidades e vilas para encontrar trabalho. Não o obteve. Pediu esmola, sem sucesso. Pediu comida, mas a fome crescia sem que se compadecessem dele. Pediu bebida, mas ninguém se solidarizou com sua sede. Seu cachorro o acompanhava. Foram para o mato viver com as cobras. Comiam o que dava na mata: frutas, folhas, raízes.

Os espinhos da floresta perfuraram a carne do garoto, a capa de pele repleta de picadas dos mosquitos. Mais uma vez as membranas encheram-se de chagas. O cachorro lambia avidamente suas feridas — deleitava-se.

Ainda dormia quando escutou uma voz: "Estás pronto. Levanta e vai cuidar do povo". Todas as fissuras estavam cicatrizadas. Sem dores e febre, ganhou o posto de Obaluaê e adquiriu a missão de salvar a Terra da peste que dela tomara conta.

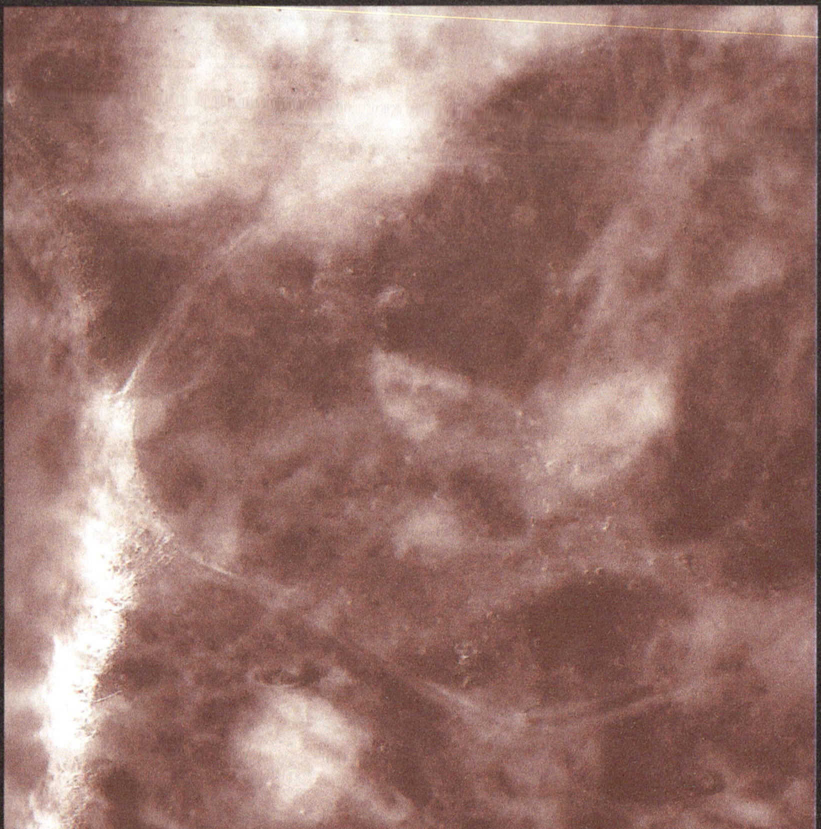

Construção de imagem digital, Alessandra Affortunati Martins

✦

No espetáculo *Cura* (2021), Deborah Colker resgata o mito iorubá de Obaluaê e as cenas da Torá. Inscreve as feridas purulentas do neto em uma dimensão simbólica que rompe fronteiras. Os bailarinos dançam com movimentos espasmódicos e, ao mesmo tempo, preservam a leveza dos gestos. Na roupa usada por eles, o avesso da pele em bolhas, pústulas, eczemas.

✦ DESESPERO ✦

Carne, calma! Vamos ponderar: a quem interessaria essa história?

Ainda se discute o racismo. Ainda se observa a diferença entre tons de pele. Ainda se hierarquiza os humanos em função de tal distinção. Qual o intuito ao impor tuas cruéis manifestações? Não está indo longe demais? O que dirão de mim agora que chegamos até aqui? Cúmplice sádica? Aliada em tuas inconsequentes aventuras pelos "nossos" territórios? Insensível traidora?

Dei muito espaço para tuas expressões.
Cala-te um pouco.
Mais vagar, imploro!

Tuas infindáveis figurações não cabem neste mundo. Não me peça pra compreender todas as tuas versões. Por mais que tenha boa vontade, não entendo tuas vociferações.

Lamento!

Quero apenas circular como antes entre nuvens e ventos. Informei-te claramente que da carne não se espera tanta notícia. Melhor atenuar teu ímpeto, pelo menos um pouco.

✦ BANALIDADE ✦

[…] o poder é de ponta a ponta
uma técnica de instrumentação
e de construção. Ele precisa de
cal, concreto, cimento, argamassa,
vigas, brita, chumbo, aço — e corpos
feitos de osso, carne, sangue, músculos e nervos.

✦

ACHILLE MBEMBE (2021)

Bala
Projétil
Munição
Cartucho
Dundum

Luger P08
Calt Special Combat CO2
Smith & Wesson model Governor
Taurus the Judge
Kahr P380
ASG Dan Wesson
Taurus RT44
IMI Desert Eagle
Walther PPK/S
Remington 441858
Glock 9mm
Walther P22
Colt 1894 Bisley
Browning HP

Sig P210
Smith & Wesson 500
Heckler & Cock P7

Colt 1911 A1

Heckler & Koch MP5K
Ceska Zbrojovka Scorpion EVO3
Heckler & Koch UMP
M2 Browning
M1919 Browning
M60 GPMG
FN F2000 Assault Rifle
M24E6 Machine Gun

Cimitarra
Alfange
Wakizashi
Montante
Rapieira
Florete
Sabre
Katana
Nodachi
Ninja-tō
Gládio
Claymore

Lança
Dardo
Grande Berta

BURACOS CARREGAM SANGUE

✦ POSFÁCIO ✦
AS FLORES DA CARNE

Breve história da carne é quase um livro de artista; belo, vertiginoso, inquietante. Belo, por conferir dignidade estética ao que sangra e pulsa sob a pele. Vertiginoso, por revelar o avesso do corpo e do mundo humanos como os conhecemos. Inquietante, por lidar com aquele algo repugnante a nos lembrar de nossa própria precariedade criatural. Composta nos interstícios entre o sublime e o abjeto, esta obra exuberante situa-se nas fímbrias de um não lugar, a um só tempo, oculto, temido e desejado. É o lócus do erro, da culpa, da dor; mas também do deleite e das paixões lancinantes. É a sede, por excelência, do inumano e, simultaneamente, condição sem a qual não pode haver humanização.

Da conversação, ou melhor, da disputa que se arma entre a Autora e a Carne, ganha corpo o embate com uma certa tradição socrático-platônica, para a qual o domínio da sensibilidade é um entrave a ser superado pela ascese supraceleste ao reino das ideias e formas perfeitas. Intitulado "Vaza", o primeiro capítulo tem início com a onipresente sensação de asco que acompanha o dualismo tempestuoso entre o espírito e a matéria, o intelecto e os sentidos — em particular, o olfato, o paladar e o tato —, com o consequente rebaixamento dos últimos em relação aos primeiros.

> Me larga!
>
> Não me acosse como cão sem dono,
> esganiçando,
> revirando-se,
> implorando migalhas de amor.
>
> Não peça sem pudor pelo seu direito de existir.
> Não esparrame insistentemente sua gosma espessa sobre meu ventre.

Tenho asco.
Consistências mucosas não me apetecem.

Absorvo o mundo de maneira aérea.
Aspiro ar,
sem medida.
Engulo vibrações pelas narinas.

Existo pelo vácuo da boca
de onde saem palavras.

Das carnes quero distância,
seu fervor me apavora.

No mundo inteligível,
restam apenas as formas.

Deixei carniças para trás.
Segui firme pelas trilhas das ideias.

MARTINS, 2023, p. 11

O antagonismo, ou melhor, a dialética que se articula entre o sagrado e o profano, o puro e o impuro, o que se mostra e o obsceno confere tônus a esta obra singular composta por sessenta e três fractais encarnados, que trazem a marca do sentimento barroco de uma imanência palpável, densa e malcheirosa saturada de matéria orgânica — ora viva e pulsante, ora em irreversível decomposição. Não por acaso, telas de Caravaggio e Rembrandt chamam atenção aos esforços de escrutínio da carne pelo sujeito cognoscente contemporâneo da revolução científica, seja por meio do gesto cético de São Tomé diante da ressurreição de Cristo ou de uma aula de anatomia do Dr. Tulp.

A disposição de enxergar o real sem correções, véus ou adornos — portanto, de encará-lo nua e cruamente — nos reenvia ao poema "Uma carniça" de Baudelaire, em que o passeio do escritor com sua amante é o pretexto para filosofar poeticamente sobre a efemeridade da vida a partir do encontro fortuito com um pedaço de carne em estado de putrefação. O contraste entre o amor e a morte, a beleza e a feiura, o frescor e a podridão, configura um campo de forças em tensão permanente entre o Ideal e o *spleen* — que mesmo sem ser nominalmente convocado, paira como uma nódoa entre as linhas e entrelinhas deste livro que talvez possa ser lido, baudelairianamente, como *As Flores da Carne*.

> E o céu olhava do alto a esplêndida carcaça
> Como uma flor a se entreabrir.
> O fedor era tal que sobre a relva escassa
> Chegaste quase a sucumbir.
>
> Zumbiam moscas sobre o ventre e, em alvoroço,
> Dali saíam negros bandos
> De larvas, a escorrer como um líquido grosso
> Por entre esses trapos nefandos.
>
> — Pois hás de ser como essa coisa apodrecida,
> Essa medonha corrupção,
> Estrela de meus olhos, sol de minha vida,
> Tu, meu anjo e minha paixão!" BAUDELAIRE, 1985, p. 173-175

No memento mori de Alessandra Affortunati Martins, contudo, resta-nos um tênue "Consolo" diante do que derradeiramente nos aguarda no final, conforme se lê no capítulo de mesmo nome: "Um dia talvez seja apenas a tua matéria a espalhar-se por completo entre plantas e pedras". MARTINS, 2023, p. 141 No entanto, ao contrário do que ocorre na cultura barroca revisitada por Baudelaire, aqui a carne não é tomada como natureza imediata, objeto inerte ou simples alegoria, senão como a própria protagonista do livro — dotada de voz e, sim, também de história. Esse, na verdade, desponta como o grande problema a motivar a existência desta constelação de imagens-pensamento, que almeja não exatamente dissertar sobre a carne, mas, em vez disso, apresentar, em tonalidades rubras e letras escarlates, as múltiplas configurações de uma história-natureza desencantada.

> O problema todo é que a carne quer falar.
> Insiste em ter algo a dizer.
> Tem histórias.
> História sem elos com campos transcendentais.
> Picotar tudo é seu eixo". MARTINS, 2023, p. 21

Prima materia para a produção do ouro filosofal, a carne é tanto o substrato químico quanto a alquimista mesma encarregada desta operação de transmutação de si sem promessas de felicidade, imortalidade ou salvação. Insubmissa, ela não obedece a regras impostas ou a justas medidas. Seu clamor é urgente e vem das entranhas. É estridente e cheira a açougue.

"Largue tudo que possa te desviar
de minha densidade e de meu colorido",
ela conclama.

"Sinta o meu cheiro,
escute a minha voz"
— ela tem voz!"

MARTINS, 2023, p. 21

Sim, a carne é capaz de gemer, grunhir, rosnar, urrar. Sim, ela pode até mesmo vocalizar seu sofrimento, suas ânsias, sua raiva, ainda que sua interpelação se dê a contrapelo da metafísica, e quase sempre em linguagem ininteligível aos ouvidos mui doutos dos sábios eruditos educados pela filosofia de Platão a Heidegger. Michel Foucault, por sinal, chegou a dedicar todo um volume de sua pesquisa sobre a sexualidade às *Confissões da carne*. A fim de performar uma certa decifração purificadora do desejo, "a 'carne' deve ser compreendida como um modo de experiência, isto é, como um modo de conhecimento e de transformação de si por si, em função de uma certa relação entre anulação do mal e manifestação da verdade". Também Agostinho, muitos séculos antes, já havia confessado seus pecados de adolescência sob ação da carne. "Vapores exalavam da concupiscência lodosa da carne e dos borbotões da puberdade, embaçando e ofuscando meu coração, até já não distinguir entre a limpidez da afeição e a caligem da libido. Uma e outra fermentavam misturadas e arrastavam minha idade frágil entre os penhascos dos desejos, imergiam-na no sorvedouro das vergonhas".

FOUCAULT, 2020, p. 46

MARTINS, 2023, p. 13

Neste livro provocador, no entanto, não há *hybris* ou pecados a serem revelados ou redimidos. O lado direito das coisas se vira do avesso e vice-versa. O quadro da representação é explodido até perder seus contornos fixos. Finalmente, é possível tudo ver e tudo mostrar.

Vire teu ventre do avesso.

Enfie teus olhos entre suas pernas.
Olhe dentro da boceta.
Olhe os detalhes de tua vulva,
Foque no clitóris,
trêmulo de prazer.

Machuque superfícies.
Toque o fulcro fibroso sob epidermes.
Escreva sobre as nervuras que me compõem.

Lambuze-se.

MARTINS, 2023, p. 13

Misto de deboche e deleite, os murmúrios da carne auscultados por Affortunati Martins adquirem o tom não da confissão privada ou do segredo contido, senão do imperativo gutural a ressoar por entre as vísceras e entranhas reviradas de seus leitores. Diferentemente da figura de Laocoonte — que ao ser picado por duas serpentes gigantes mantém sua boca apenas ligeiramente entreaberta —, na *Breve história da carne* nos deparamos com o que se encontra detrás ou aquém dos semblantes serenos das estátuas helênicas, isto é, com aquilo que Lessing desqualificou como "asqueroso" exatamente por ultrapassar o limite da representação estética, dispensando a imaginação e o pensamento em nome da mera realidade.

Porta-voz contemporâneo do lado sombrio do desejo oscilante entre o êxtase e a violência, Francis Bacon talvez seja o maior entusiasta dessa arte "asquerosa" e pungente, que tanta repulsa provocara nos estetas iluministas e neoclássicos. Sangue, bílis, saliva, urina e esperma constituem a matéria fluida de suas fantasmagorias carnosas, cujas fisionomias monstruosas despertam, ao mesmo tempo, terror e compaixão.

Francis Bacon desce ao rés do chão.
Converte-se em pintor-sanguinário.
Machuca a carne.
Cava-a até encontrar seu núcleo fibroso.
Colhe sangue como bálsamo.

Ao apartar-se da matéria carnosa,
transfigura-a:

Fantasmagoria.

Oscila outra vez:
Paira rente à carne,
toca-a.
Esfacela todas as peles.
Atravessa-as.
Apalpa seu revés.
Afasta-se devagar.
Carrega todas as gramas de seus componentes sensíveis.
Sobrepuja sua consistência.
Extrai das entranhas sua versão incorpórea.
Flutua alto.

Transcende a carne,
sem perdê-la.
Deixa lastros pelo caminho.
Respingos de sangue e líquido exsudato.
Matéria etérea de carne.
Delicadas figurações monstruosas,
animalescas.
Seu método cirúrgico de pintura.

MARTINS, 2023, p. 51

Se Francis Bacon desce ao rés do chão para "transcender a carne sem perdê-la", podemos, a partir de seu "método cirúrgico de pintura", derivar um modelo antiplatônico de "baixa teoria" em condições de, como diz Paul B. Preciado, "decapitar" a filosofia. Em crônica publicada em *Um apartamento em Urano*, o pensador transfeminista indica o deslocamento do livro para a carne como ponto de virada para uma era pós-gutenberguiana do conhecimento na qual a desauratização da sexualidade seria levada às últimas consequências de sua reprodutibilidade técnica. Canibalizando Walter Benjamin, Preciado vislumbra nas dobras do tempo-agora um cenário hipotético no qual pessoas trans poderiam configurar e imprimir seus próprios órgãos sexuais

HALBERSTAM, 2020, p. 38

em impressoras 3D, tomadas como instrumento de uma abrangente mutação epistêmica em curso.

> Logo deixaremos de imprimir o livro para imprimir a carne, e entraremos assim numa nova era da bioescrita digital. Se a era Gutenberg se caracterizou pela dessacralização da Bíblia, pela secularização do saber, pela proliferação de línguas vernaculares em face do latim e pela multiplicação das linguagens politicamente dissidentes, a era bio-Gutenberg 3D implicará a dessacralização da autonomia moderna como linguagem viva dominante.

PRECIADO, 2020, p. 235

Enquanto a crônica de Preciado investe o livro-carne do papel de sujeito de um saber-sabor corporificado, o "Livro de carne" de Artur Barrio nos oferece a possibilidade de folhear páginas de tecido orgânico reunidas em brochura. Já Jana Sterbak transmuta a carne em "cobertura luxuosa de corpos", engendrando assim seu "Vestido de carne para um albino anoréxico". Como o rio de Heráclito, a Paris de Baudelaire e a moda dos/as surrealistas, aqui tudo devém, nada permanece o mesmo. Tal qual um bio-parangolé, "o vestido-carne se metamorfoseia com a passagem dos dias. A delicadeza efêmera da carne é apreciada. O odor que ela exala provoca ojeriza. O defeito, porém, não é dela. Urubus são o mais forte exemplo de que a carniça pode ser razão de deleite".

MARTINS, 2023, p. 140

Obliquamente a Barrio, Sterbak e Preciado, a *Breve história da carne* experimenta a perspectiva de incorporar uma outra "linguagem viva" como escrita de si em processo por meio do qual é feita e desfeita a partir do trânsito entre gêneros e formas expressivas as mais diversas: o aforismo, a citação, o ensaio, o fragmento, a montagem, o diálogo, a autobiografia e o poema. Desafiando convenções, enquadramentos e classificações, a galáxia de carne de Alessandra Affortunati Martins não pode — nem quer — ser considerada um trabalho de filosofia, de teoria psicanalítica ou de crítica de arte no sentido estrito dos termos. Está menos preocupada em adequar-se a formatos, normas e expectativas do que em atravessar superfícies porosas — como a pele — que dividem o visível e o oculto, o exterior e o interior, o familiar e o estranho. Desse modo, ela nos convida a passar, a ouvir e a conversar com todos esses campos materiais da cultura, cruzando limiares e fronteiras para ocupar territórios impregnados, simultaneamente, de saber e doçura-amargor.

Esse gesto arriscado e, por isso mesmo, também bastante ousado já havia motivado a escritora queer y chicana Gloria Anzaldúa, ainda nos anos 1980, a chegar a uma postulação parecida com aquela que Alessandra formula, em letras maiúsculas, na página 67: "BOCETA = FERIDA". Se esta última recorre ao relato clínico *O homem dos Lobos* de Freud, aquela primeira recupera suas próprias memórias de adolescência, nas quais a vulva-ferida figura como fonte de dor, nojo e vergonha.

MARTINS, 2023, p. 67

> Um herida, tenía uma herida aberta, um lugar sujo fedido de onde o sangue sai. Nalgas hediondas, ela ouve a mãe, tias e outras dizerem, das partes íntimas femininas.
> [...] Ela levaria as garras sangrentas cheirando enxofre com suas manchas vincadas de Borgonha e dobras de tecido decomposto para fora do barraco y las lavaba Em la cubeta ela ia bater os trapos manchados de mil sangrias com um pau nos fundos da casa onde seus irmãos não a veriam O grande segredo a grande vergonha Ela os penduraria baixo entre los nopales ao invés de no varal.
> Ela tinha medo de que alguém a flagrasse com a evidência sanguinolenta em suas manos Horrorizada com as dores que a atravessavam Suas entranhas saindo saindo vomitando encolhendo-se em si mesma quando os golpes vinham quando a dor o abutre bicava-a por dentro.

ANZALDÚA, 2021, p. 177-178

Lembremos que Anzaldúa é autora de *A vulva é uma ferida aberta*, mas também de Borderlands / La frontera, o que indica que os mesmos esforços demarcatórios de dominação que esquadrinham a superfície da Terra vasculham a do próprio corpo, desenhando zonas de reconhecimento e legibilidade fundamentais para o bom funcionamento dos sistemas geopolítico e fisiológico que assim se formam. Como resultado, "fronteiras jamais expressam apenas limites geográficos. Elas são cortes. Talhos de terras e corpos explorados. Resultados de guerras. Sinais de dominação. Marcas da violência".

MARTINS, 2023, p. 61

No trabalho de Adriana Varejão elas despontam como o próprio epítome de uma história colonial revestida de limpos azulejos portugueses, porém erigida e sustentada por miúdos imundos de animais humanos ou não humanos — indistintamente. Ruínas, fendas, fissuras, órgãos, membros, tripas, sangue e carne moída são seus meios privilegiados de expressão como vemos em "Azulejaria com Incisura Horizontal",

"Azulejaria Verde em Carne Viva", "Filho Bastardo II. Cena de Interior", "Mapa de Lopo Homem II", "Parede com Incisão a la Fontana III" e "Ruína de Charque Caruaru".

> Das bordas da superfície de azulejaria portuguesa brotam resíduos de sangue. Em Pele tatuada à moda de azulejaria, Adriana Varejão (1995) mescla os gélidos azul e branco dos desenhos à vermelhidão da carne nas beiradas.
> Rezas de jesuítas, exuberantes adornos em ouro do Barroco, exageros preciosistas do Rococó não são capazes de abrandar a crueza dos cortes nas carnes indígenas e negras.
>
> Jorra o suco viscoso pelos fragmentos de cultura europeia.
>
> Sob a tinta da capa epidérmica, índios brasileiros, negros africanos e brancos europeus carregam uma mesma pigmentação, uma mesma consistência, um mesmo odor. A tonalidade do invólucro que reveste o núcleo da substância de carne determinou a história cultural moderna europeia e a do Novo Mundo. Mas a história que se desdobra dos próprios tecidos de carne transcorre por debaixo de peles e pelos. Vestimentas e adornos não diferenciam a materialidade carnosa. A incisão nas superfícies abre camadas volumosas para essa outra narrativa de tons avermelhados.

MARTINS, 2023, p. 117

Eis que a carnificina constitui o fio condutor dessa "outra narrativa de tons avermelhados", sobretudo abaixo da linha do Equador, onde a máquina colonial assume a forma de um gigantesco moedor de carne. Carne queimada, castigada, mutilada, marcada, torturada, violada, rasgada, esfolada, baleada, triturada, salgada e vendida em mercados secos e molhados para consumidores-devoradores de meras vidas devotadas à violência mítica de carniceiros sanguinários de cutelo em riste. Daí o sentido do título escolhido por Rosana Paulino para a obra "O Atlântico vermelho", com a qual a artista torna visível o caráter irredutivelmente destruidor e mortífero de um passado de violência que ainda não passou, e cujos rastros materiais encontram-se tingidos em matizes de rubro, carmesim e cinabre do sangue africano perdido e derramado na travessia nunca concluída pela terrível "passagem do meio".

HARTMAN, 2021

> No mar, a carne e o sangue de 660 mil corpos negros espalharam-se nas águas. As linhas vermelhas da obra de Rosana Paulino são compostas de sangue. Escorrem delicadamente da imagem do azulejo português. Fios esplâncnicos de memória. Águas do Oceano Atlântico absorveram a substância sanguínea dos mortos. O sal marinho adensou o vermelho-sangue. Uma capa purpúrea recobriu a superfície toda do mar.

MARTINS, 2023, p. 114

Mas, "Carne, calma! Vamos ponderar: a quem interessaria essa história?" Qual o sentido de tantas feridas serem expostas e reabertas antes mesmo de poderem cicatrizar? Lembre-se que "escavar memórias é um risco: cavoucadas, as chagas amortecidas pelo tempo podem sangrar ou gangrenar". Além disso,

MARTINS, 2023, p. 195

MARTINS, 2023, p. 84

> ainda se discute o racismo. Ainda se observa a diferença entre tons de pele. Ainda se hierarquiza os humanos em função de tal distinção. Qual o intuito ao impor tuas cruéis manifestações? Não está indo longe demais? O que dirão de mim agora que chegamos até aqui? Cúmplice sádica? Aliada em tuas inconsequentes aventuras pelos 'nossos' territórios? Insensível traidora?

MARTINS, 2023, p. 195

Ao fim e ao cabo, essas são questões indecidíveis que incomodam e reverberam entre nós sem trégua, alívio ou solução. Pois a história da carne é a história da vida invivível e da morte não enlutável daqueles/as que nunca tiveram história. Por isso, a tarefa de contá-la sem pedir licença, permissão ou desculpas, como faz Alessandra Affortunati Martins, deve ser celebrada, sim, mas sem ilusões. Afinal, é preciso reconhecer que "a insídia da carne estremece qualquer confiança ingênua".

MARTINS, 2023, p. 187

ALÉXIA BRETAS
São Paulo, 6 de março de 2023

Referências bibliográficas

AFFORTUNATI, Adriana. *Carne*. 2011. Fotografia.

____. *Carne*. 2011. Fotografia.

AGAMBEN, Giorgio. *Nudez*. Belo Horizonte: Autêntica Editora, 2014.

AGOSTINHO. *Confissões*. Trad.: Lorenzo Mammì. São Paulo: Penguin / Companhia das Letras, p.1098 (versão kindle).

ANCHIETA, José. *Cartas, informações, fragmentos históricos e sermões* (1554-1594). Rio de Janeiro, Biblioteca de Cultura Nacional, 1933. (Carta do Ir. José de Anchieta aos padres e irmãos da Companhia de Jesus em Portugal — de Piratininga, 1555).

____. *Cartas, informações fragmentos históricos e sermões. Cartas Jesuíticas 3*. Belo Horizonte; Itatiaia; São Paulo: Editora da USP, 1988.

ANZALDÚA, Gloria. *A vulva é uma ferida aberta & outros ensaios*. Trad.: Tatiana Nascimento. Rio de Janeiro: A Bolha, 2021, pp. 177-8.

ANDRADE, Oswald de. *Livro da convalescença*. Caderno manuscrito a lápis, datado de 1954. Fundo Oswald de Andrade, CEDAE, Unicamp.

____. *Marco Zero — Chão*. Rio de Janeiro, Civilização Brasileita, 1974.

____. *O manifesto antropófago*. In: TELES, Gilberto Mendonça. *Vanguarda europeia e modernismo brasileiro: apresentação e crítica dos principais manifestos vanguardistas*. 3ª ed. Petrópolis: Vozes; Brasília: INL, 1976.

AZOU, Fernanda. *BestGore Nostalgia*. 2022. Acrílica sobre tela, 70 × 70 cm;

BACON, Francis. *Três estudos para crucificação*. 1962. Pintura, óleo e areia sobre tela, 198,1 × 144,8 cm.

____. *Figura com carne*. 1954. Pintura, óleo sobre tela, 129,2 × 121,9 cm.

____. *Pintura*. 1946. Pintura, óleo sobre tela de linho, 198 × 132 cm.

BARRIO, Artur. *Livro de Carne*. 1978-1979. Disponível em: <http://arturbarrio-trabalhos.blogspot.com/2011/04/livro-de-carne-1978-1979.html>. Acesso em: 9 ago. 2022.

BATAILLE, Georges. (1957). *O erotismo*. Porto Alegre: L&PM, 1987. p. 11. Disponível em: <https://salsichaotainha.files.wordpress.com/2011/05/georges-bataille-o-erotismo.pdf>. Acesso em: 9 ago. 2022.

BAUDELAIRE, Charles. *As flores do mal*. Trad.: Ivan Junqueira. Rio de Janeiro: Nova Fronteira, 1985, pp. 173-175.

BECKER, Mar. *A mulher submersa*. Editora Urutau, 2020.

BENJAMIN, Walter. *As teses sobre o conceito de história*. In: LÖWY, Michael. *Walter Benjamin: aviso de incêndio: uma leitura das teses "Sobre o conceito de história"*. São Paulo: Boitempo, 2005. p. 33-146.

CALIXTO, Benedito. *Anchieta e Nóbrega na cabana de Pindobuçu*. 1927. Pintura. Acervo da Fundação Reginaldo e Beth Bertholino, São Paulo.

CARAVAGGIO. *A incredulidade de São Tomé*. 1599. Pintura, óleo sobre tela, 107 × 146 cm.

___. *Judith e Holofones*. 1606. Pintura, óleo sobre tela, 144 × 195 cm.

___. *O sepultamento de Cristo*. 1603-1604. Pintura, óleo sobre tela, 300 × 203 cm.

CARRACCI, Annibale. *Açougue*. 1583. Pintura, óleo sobre tela, 185 × 266 cm.

___. *Cristo morto*. 1585. Pintura, óleo sobre tela, 70,7 × 88,8 cm.

CARDOSO, Júlio César de. *Pétalas*. Lovely House Editora, 2021. p. 13-14. Disponível em: www.juliocesarcardoso.com/petalas. Acesso em 09 ago. 2022.

COURBET, Gustave. *A origem do mundo*. 1866. Pintura, óleo sobre tela, 46 × 55 cm.

DELEUZE, Gilles; GUATTARI, Félix. *Mil platôs — capitalismo e esquizofrenia*. v. 3. Rio de Janeiro: Ed. 34, 1996.

FOUCAULT, Michel. *As confissões da carne*. São Paulo: Paz e Terra, 2020, p. 46.

FREUD, Sigmund. (1914-1915). *Neuroses de transferência: uma síntese*. Rio de Janeiro: Imago, 1987.

___. (1918). *O homem dos lobos*. In: ___. *História de uma neurose infantil* ("O homem dos lobos"), *Além do princípio do prazer e outros textos* (1917-1920). São Paulo: Companhia das Letras, 2010. (Obras Completas, v. 14).

GOYA, Francisco de. *A maja nua*. 1800. Pintura, óleo sobre tela, 97 × 190 cm.

___. *Saturno devorando um filho*. 1819-1823. Pintura, óleo sobre tela, 83 × 146 cm.

___. *Três de maio de 1808*. 1814. Pintura, óleo sobre tela, 268 × 347 cm.

GROSS, Carmela. *Carne*. 2006. Fotografia. Disponível em: <https://carmelagross.com/portfolio/carne-2006/>. Acesso em: 9 ago. 2022.

HALBERSTAM, Jack. *A arte queer do fracasso*. Recife: CEPE, 2020, p. 38.

HARTMAN, Saidiya. *Perder a mãe: uma jornada pela rota atlântica da escravidão*. Rio de Janeiro: Bazar do Tempo, 2021.

HERÁCLITO, Ayrson. *Transmutação da carne*. 2015. Disponível em: ?????. Acesso em 09 ago. 2022.

HOMERO. *Odisseia*. 3ª ed. Tradução de Manuel Odorico Mendes. São Paulo: Ars Poetica: Editora da Universidade de São Paulo, 2000.

KLEE, Paul. *Angelus Novus*. 1920. Pintura, tinta nanquim, tinta a óleo, papel, aquarela, 31,8 × 24,2 cm.

LUKÁCS, Georg. *A teoria do romance: um ensaio histórico-filosófico sobre as formas da grande épica*. São Paulo: Duas Cidades; Editora 34, 2000.

MACHADO, Altino. *[Sem título]*. 2011. Fotografia. Disponível em: <www.altinomachado.com.br/2011/04/carne-bovina-do-acre.html>. Acesso em: 9 ago. 2022.

MARTINS, Alessandra A. *Breve história da carne*. São Paulo: Iluminuras, 2023, p. 11.

____. *op. cit.*, p. 13.

____. *op. cit.*, p. 21.

____. *op. cit.*, p. 51.

____. *op. cit.*, p. 61.

____. *op. cit.*, p. 67.

____. *op. cit.*, p. 84.

____. *op. cit.*, p. 114.

____. *op. cit.*, p. 117.

____. *op. cit.*, p. 140.

____. *op. cit.*, p. 141.

____. *op. cit.*, p. 187.

____. *op. cit.*, p. 195.

MBEMBE, Achille. *Brutalismo*. São Paulo: N-1 Edições, 2021.

MCPHERSON, William D.; OLIVER. Gordon, *The Scourged Back*. 1863. Fotografia, 8.7 × 5.5 cm. Baton Rouge, Louisiana, EUA.

MERLEAU-PONTY, Maurice. *O olho e o espírito*. São Paulo: Cosac Naify, 2013. (Coleção Cosac Naif Portátil).

MONTAIGNE, Michel de. *Dos Canibais*. In: ____. *Ensaios*. Tradução J. Brito Broca e Wilson Lousada. [S.L.]: Ed. W.M. Jackson, 1964. Cap. XXXI, liv. I. (Clássicos Jackson).

NITSCH, Hermann. *Paixão*. 2020. Disponível em: <https://www.nitsch-foundation.com/biografie/>. Acesso em: 9 ago. 2022.

ORLAN. *A origem da Guerra*. 1989. Fotografia cibacromo com suporte de alumínio, 104,14 × 86,36 cm. Disponível em: <http://www.orlan.eu/works/photo-2/>. Acesso em: 9 ago. 2022.

PANE, Gina. *Psyché*. 1974. Ensaio em fotografia, 40 × 29,3 cm. Disponível em: <www.richardsaltoun.com/artists/70-gina-pane/works/18707-gina-pane-action-psyche-essai-24-janvier-1974-1974/>. Acesso em: 9 ago. 2022.

PARRA, Regina Pelegrini. *A perigosa*. 2019. Pintura, óleo e cera sobre papel, 101,6 × 119,38 cm. Disponível em: <https://reginaparra.com/artworks/9367-regina-parra-the-dangerous-one-2019/>. Acesso em: 9 ago. 2022.

PASOLINI, Pier Paolo. POEMAS: *Pier Paolo Pasolini*. BERARDINELLI, Alfonso; DIAS, Maurício Santana (Org.). São Paulo: Cosac Naify, 2015.

PAULINO, Rosana. Série Tecelãs. 2003. Desenhos.

____. *Atlântico Vermelho*. 2017. Impressão digital sobre tecido, recorte, acrílica e costura, 127 × 110 cm. Imagem: Claudia Melo/Reprodução.

PRECIADO, Paul Beatriz. *Um apartamento em Urano*. Rio de Janeiro: Zahar, 2020, p. 235.

PROUST, Marcel. *Em busca do tempo perdido* [recurso eletrônico]: volumes 1, 2 e 3. Tradução Fernando Py. 4ª ed. Rio de Janeiro: Nova Fronteira, 2016.

RAMOS, Nuno. *Ó*. São Paulo: Editora Iluminuras, 2013.

____. *Sermões*. São Paulo: Editora Iluminuras, 2015.

REMBRANDT. *A Lição de Anatomia do Doutor Tulp*. 1632. Pintura, óleo sobre tela, 216 × 169,5 cm.

____. *Carcaça de Carne*. 1655. Pintura, óleo sobre tela, 95,5 × 68,8 cm.

RIVERA, T. *Cinema, Imagem e Psicanálise*. Rio de Janeiro: Zahar, 2008.

RUBENS, Peter Paul. *Cristo Ressuscitado*. 1616. Pintura, óleo sobre tela, 183 × 155 cm.

____. *Saturno Devorando o Filho*. 1936. Pintura, óleo sobre madeira, 182 × 87 cm.

SCHÖENBERG, Arnold. *Moisés e Arão*. 2009.

SCHWARCZ, Lilia. *Pérola imperfeita: a história e as histórias contadas por Adriana Varejão*. São Paulo: Cobogó/Companhia das Letras, 2014.

SCOLFORO, Carol. *Regina Parra aponta violência contra a mulher em suas obras de arte*. Casa Vogue, São Paulo, 30 outubro de 2018. Disponível em: <https://casavogue.globo.com/Casa-Vogue-Experience/noticia/2018/10/regina-parra-aponta-violencia-contra-mulher-em-suas-obras-de-arte.html>.

STERBAK, Jana. *Vestido de Carne para um albino anorético*. 1987. Ensaio. Disponível em: NOBLE, Richard. Jana Sterbak: Dialética da Criação e do Confinamento. *eRevista Performatus*, Inhumas, ano 2, n. 9, mar. 2014. Disponível em: <http://performatus.com.br/wp-content/uploads/2014/02/JanaSterbak_ed9_eRevistaPerformatus.pdf.> Acesso em: 9 ago. 2022.

VAN OSTADE, Adriaen. *O Suíno Abatido*. 1643. Pintura, óleo sobre madeira, 61 × 49,2 cm. Disponível em: <https://sammlung.staedelmuseum.de/en/work/slaughtered-pig-in-a-barn>. Acesso em: 9 ago. 2022.

VAREJÃO, Adriana. *Anjos*. 1995. Pintura, óleo sobre tela e madeira, 110 × 140 cm. Disponível em: <https://sammlung.staedelmuseum.de/en/work/slaughtered-pig-in-a-barn>. Acesso em: 9 ago. 2022.

____. *Azulejaria com Incisura Horizontal*. 1999. Pintura, óleo sobre tela e poliuretano em suporte de madeira e alumínio, 160 × 220 × 50 cm. Disponível em:

<https://sammlung.staedelmuseum.de/en/work/slaughtered-pig-in-a-barn>. Acesso em: 9 ago. 2022.

____. *Azulejaria Verde em Carne Viva*. 2000. Pintura, óleo sobre tela e poliuretano em suporte de madeira e alumínio, 220 × 290 × 70 cm. Disponível em: <https://sammlung.staedelmuseum.de/en/work/slaughtered-pig-in-a-barn>. Acesso em: 9 ago. 2022.

____. *Filho Bastardo II*. Cena de Interior. 1995. Pintura, óleo sobre madeira, 110 × 140 × 10 cm. Disponível em: <https://sammlung.staedelmuseum.de/en/work/slaughtered-pig-in-a-barn>. Acesso em: 9 ago. 2022.

____. *Mapa de Lopo Homem II*. 2004. Pintura, óleo sobre madeira e linha de sutura, 110 × 140 × 10 cm. Disponível em: <https://sammlung.staedelmuseum.de/en/work/slaughtered-pig-in-a-barn>. Acesso em: 9 ago. 2022.

____. *Parede com Incisão a la Fontana III*. 2002. Pintura, óleo sobre tela e poliuretano em suporte de madeira e alumínio, 195 × 260 cm cada. Disponível em: <https://sammlung.staedelmuseum.de/en/work/slaughtered-pig-in-a-barn>. Acesso em: 9 ago. 2022.

____. *Pele Tatuada à Moda de Azulejaria*. 1995. Pintura, óleo sobre tela, 140 × 160 cm. Disponível em: <https://sammlung.staedelmuseum.de/en/work/slaughtered-pig-in-a-barn>. Acesso em: 9 ago. 2022.

____. *Ruína de Charque Caruaru*. 2000. Pintura, óleo sobre madeira e poliuretano, 21 × 89 × 52 cm. Disponível em: <https://sammlung.staedelmuseum.de/en/work/slaughtered-pig-in-a-barn>. Acesso em: 9 ago. 2022.

VIVEIROS DE CASTRO, E. *Metafísicas canibais*. São Paulo: CosacNaify, 2015

Agradeço às artistas e aos artistas pela concessão de uso das imagens

Adriana Affortunati
Adriana Varejão (Fotos: Eduardo Ortega)
Altino Machado
Ayson Heráclito
Artur Barrio
Fernanda Azou (Foto: Arnaldo Saldanha)
Nitsch Foundation
Orlan
Regina Parra (Foto: Filipe Berndt)
Rosana Paulino (cortesia da artista e da Galeria Mendes Wood DM)

Sobre a autora

ALESSANDRA AFFORTUNATI MARTINS é psicanalista, filósofa e escritora. Graduou-se em Psicologia (PUC-SP) e Filosofia (USP), é mestre em Psicologia Clínica (PUC-SP) e doutora em Psicologia Social (USP). Foi Honorary Research Fellow da Birkbeck, University of London e Gastwissenschaftlerin do ZfL-Berlin. É membra do GEPEF (Grupo de Estudos, Pesquisas e Escritas Feministas), do GT de Filosofia e Psicanálise da ANPOF e da SIPP (International Society of Psychoanalysis and Philosophy). É colunista da Revista CULT. Escreve artigos científicos estabelecendo interfaces entre Estética, Arte, Psicanálise e Filosofia. É autora de *O sensível e a abstração* (E-galáxia, 2020), *Sublimação e Unheimliche* (Pearson, 2017) e coorganizadora de *Freud e o Patriarcado* (Hedra, 2020).

A *Iluminuras* dedica suas publicações à memória de sua sócia Beatriz Costa [1957-2020] e a de seu pai Alcides Jorge Costa [1925-2016].